Escapaaa a ANDALUCÍA

Los detalles relativos a la información que esta guía proporciona están en continuo cambio. Por esta razón, y a pesar
de los esfuerzos realizados por cerciorarse de la exactitud y validez de estos datos, el editor no asume la
responsabilidad de las consecuencias que se deriven de los cambios, errores u omisiones respecto a dicha información.

MANUFACTURE FRANÇAISE DES PNEUMATIQUES MICHELIN
Place des Carmes-Déchaux - 63000 Clermont-Ferrand (France)
© Michelin et Cie. Propriétaires-Éditeurs 1999
Dépôt légal janvier 1999 - ISBN 2-06-660401-1 - ISSN en cours

Impreso en España 12-98/1

NEUMÁTICOS MICHELIN S.A.
Doctor Zamenhof 22, 28027 Madrid
☎ 91 410 50 00
www.michelin-travel.com

SUMARIO

INTRODUCCIÓN

Andalucía, Andalusía, Al-Andalus... sólo su nombre nos sugiere el aroma del jazmín, la blancura cegadora de sus pueblos y el azul puro del cielo. Andalucía nos evoca ventanas decoradas con rejas de hierro forjado, la misteriosa frescura de los patios floridos, el eco de una guitarra apasionada, el fervor exacerbado de las procesiones, el Jerez que se toma con las tapas, el halo romántico de la fiesta taurina, la poesía de García Lorca, la belleza de los atauriques que decoran el palacio de Boabdil...

Andalucía es, además, una comunidad autónoma formada por ocho provincias (Almería, Cádiz, Córdoba, Granada, Huelva, Jaén, Málaga y Sevilla), con un gobierno propio, la **Junta de Andalucía**, que consta de un parlamento y de un consejo de gobierno. La Junta de Andalucía goza de competencias plenas en materia de economía, cultura o fuerzas de orden público. Andalucía luce en su bandera los colores verde y blanco del Islam, reivindicando una herencia cultural de la que puede sentirse orgullosa.

Andalucía también son sus playas, y los lugares de veraneo que abundan en toda la costa mediterránea, la Costa del Sol o la Costa de la Luz, bañada ya por el Atlántico, y que se prolonga hasta Portugal. Pero además de playas soleadas, se puede disfrutar de la nieve a pocos kilómetros de la Alhambra; no es de extrañar que el turismo se haya convertido en la principal fuente de riqueza de la región.

Andalucía son también los olivos de Jaén, perfectamente alineados se pierden en el horizonte de un mar de colinas; los parques naturales donde se puede practicar el senderismo, o pasear a caballo; sus pueblos blancos, coronados a menudo por una **alcazaba** árabe, como ocurre en Ronda, la Bella Durmiente, en las Alpujarras o en los alrededores de Córdoba.

Andalucía es una tierra donde siempre ha imperado la tolerancia y la libertad de ideas, heredadas de tiempos del filósofo cordobés Averroes, por lo que no debe sorprendernos que haya dado escritores de la talla de Góngora y Quevedo en el s. XVI, el romántico Bécquer en el s. XIX, Juan Ramón Jiménez (Premio Nobel en 1926), García Lorca, Rafael Alberti, o Vicente Aleixandre (Premio Nobel en 1977); pintores como Velázquez, Murillo o Picasso y grandes músicos, cuyo máximo representante es Manuel de Falla. Las **coplas flamencas** son una buena

Montefrío, en Granada:
La blancura de los pueblos andaluces bajo el azul puro del cielo.

muestra de la espontaneidad y la fuerza expresiva que caracteriza a esta región.

Andalucía es, sobre todo, el *embrujo* de las tres grandes capitales: **Córdoba**, la capital de los omeyas durante los siglos VIII y XI, donde aún se puede apreciar el esplendor de aquella época; **Granada**, la capital de la dinastía nazarí durante los siglos XIII y XIV, que aún pervive en la bella decoración de atauriques de los palacios de la Alhambra, con la Sierra Nevada como telón de fondo, y **Sevilla**, capital del reino de Castilla durante el s. XIII, posteriormente el centro más importante del comercio con América y actual capital de la comunidad autónoma, síntesis perfecta de las dos culturas: árabe y cristiana. Descubrirá el placer de perderse en el laberinto de callejuelas blancas de estas tres ciudades (la judería de Córdoba, el barrio de Santa Cruz de Sevilla y el Albaicín de Granada) que conviven con el al bullicio de una ciudad moderna. Por todas partes encontrará múltiples e inesperados motivos de admiración: en el encanto de una iglesia barroca, en los vestigios de unos baños árabes o en una fachada historiada de estilo renacentista. Podrá compartir con los andaluces su alegría de vivir —en la calle, en los bares, tomando una tapa o una ración—, inmerso en la algarabía de sus animadas conversaciones. Andalucía es una tierra que, cuanto más se conoce, más se ama.

Arte de pesca.

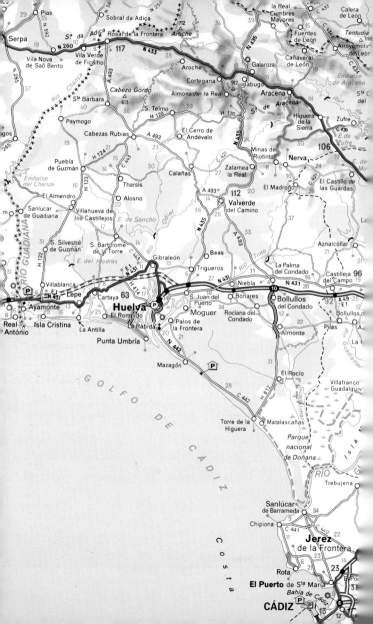

SITUACIÓN GEOGRÁFICA

Andalucía ocupa una superficie de 87.268 km², comparable a la de Portugal, lo que la convierte en la segunda región de España en cuanto a extensión se refiere. Limita al Sur con el Mediterráneo y el Atlántico, que se unen en el Estrecho de Gibraltar, en la Punta de Tarifa, y está dividida en tres zonas geográficas bien diferenciadas. Al Norte, Andalucía está separada de Castilla y Extremadura por **Sierra Morena**, un sistema montañoso de altura media (la cumbre más alta mide 1.323 m) y vegetación mediterránea. El Puerto de Despeñaperros es el paso tradicional de la Meseta castellana a Andalucía, concretamente a Jaén, famosa por sus olivos —hileras que se pierden en el horizonte—, el característico color rojo de su tierra y sus riquezas minerales (cobre, plomo, hierro), que representan el 25% de la producción nacional.

Mapa de la Andalucía atlántica (al lado)

Casares: Un pueblo blanco rodeado de naranjos.

Al Sur, la cuenca del **Guadalquivir** forma un triángulo que se extiende hasta el Atlántico. Dicha cuenca tiene como origen los aluviones del Río, y es una de las regiones agrícolas más fértiles

de España, lo que contribuyó al desarrollo de ciudades como Córdoba, Sevilla y Jerez. La parte superior está consagrada en su mayor parte al cultivo de cereales y olivos. La parte marítima, las **Marismas**, es el reino de los toros de lidia. El límite occidental está dedicado al cultivo del arroz y, en los alrededores de Jerez, predomina el cultivo de la vid. El delta del Guadalquivir lo ocupa el **Parque Nacional de Doñana**, santuario de aves migratorias y otras especies animales.

En el Sureste de la región, entre Almería y Málaga, el **Sistema Bético** es conocido sobre todo por **Sierra Nevada**, la cadena montañosa más alta del sistema, al Sur de la provincia de Granada. El Mulhacén (3.482 m) es el pico más alto de la península y en esta sierra se pueden practicar deportes de invierno. Las blancas cimas de Sierra Nevada riegan las fértiles llanuras, como la Vega de Granada. La cordillera se prolonga con otros macizos como las Alpujarras, la Serranía de Ronda y la Sierra de Ubrique, de menor altura,

¿Aún quedan playas salvajes en la Costa de la Luz?

pero igual de espectaculares. Este sistema termina en el Mar Mediterráneo, en forma de estrechas planicies costeras, que pueden ser semidesérticas —como las de la región de Almería, donde las técnicas de irrigación han permitido introducir el cultivo de hortalizas y frutales –o subtropicales— como en los alrededores de Motril, donde se cultiva la caña de azúcar.

HISTORIA

La presencia del hombre en Andalucía se remonta a tiempos inmemoriales. El pueblo más antiguo que se conoce es el de los íberos, de origen bereber, procedentes de África.

Otros pueblos navegantes del Mediterráneo llegaron a sus costas, y en ellas se asentaron. Este fue el caso de los tartesos, cuya capital —Tarsis— estaría situada en el delta del Guadalquivir, en el actual Parque de Doñana; los fenicios, que fundaron Cádiz en el 1100 a. C., y establecieron una colonia cerca de Málaga; los cartagineses, de

Cumbres blancas de Sierra Nevada, a un paso del Mediterráneo.

entre los que destacan Amílcar Barca y su hijo Aníbal.

La llegada de los romanos, en el 206 a. C., marcó el inicio de una época de esplendor en Andalucía. Tardaron más de doscientos años en pacificar la región, pero los dos primeros siglos de nuestra era fueron un período de prosperidad para la Bética romana, en el que se fundaron ciudades (como Hispalis, la actual Sevilla, o Carmo, ahora llamada Carmona o la ciudad de Itálica), se crearon carreteras, puentes... se explotaron yacimientos minerales,

y se llevaron a cabo obras hidráulicas que más tarde perfeccionarían los árabes. El fértil valle del Guadalquivir se convirtió en el auténtico granero de Roma, y en él se desarrolló el cultivo de cereales, del olivo y de la vid. Durante este período, Andalucía daría a Roma dos emperadores, Trajano (53-117) y Adriano (76-138), además de un célebre filósofo: Séneca.

Tierra de navegantes.

A pesar de la caída del imperio y de las invasiones bárbaras, la organización romana se mantuvo con la ocupación visigoda. Los visigodos se «romanizaron» y adoptaron el cristianismo. Establecieron su capital en Toledo y lograron la unidad política de Iberia durante cerca de tres siglos.

Al-Andalus (711-1492)

Pero en el año 711, Rodrigo —el rey visigodo— fue vencido en Guadalete por el guerrero bereber Tariq ibn-Ziyad, que daría nombre a la montaña Jabal Tarik, Gibraltar. Esta derrota supuso el comienzo de una conquista que se llevó a cabo a la velocidad del relámpago, pues —en el año 719— los árabes ocupaban casi la totalidad de la península. En el año 756, la dinastía de los Omeyas estableció su capital en Córdoba, donde Abderramán I fundaría el emirato independiente de Al-Andalus. Mientras tanto, en el Norte de la península, comenzaba la interminable reconquista de los territorios cristianos, que se prolongaría durante siete siglos.

Dos siglos más tarde, en el año 929, su sucesor —Abderramán III— se proclamó califa, aunando así el poder político y el poder espiritual, y convirtió a Córdoba en la capital de Occidente. Testimonio de aquella época son su mezquita y los vestigios de Medina Azahara, auténtica fortaleza árabe muy cerca de la capital.

El visir Almanzor se hizo con el poder; el califato se hundiría poco después de su muerte (1002). Su derrumbamiento, en 1032, supuso la división de Al-Andalus en 23 reinos independientes, los **Reinos de Taifas**, lo que favorecería la Reconquista. Sin embargo, esta descomposición del califato estuvo acompañada de una prosperidad económica y de un esplendor cultural sin precedentes, en el que las ciudades jugaron un papel fundamental, y donde imperaba

la tolerancia, pues árabes, judíos y cristianos convivían en total armonía. De esta época cabe destacar al médico judío Maimónides y al pensador árabe Averroes, apodado el *Asno de Aristóteles,* quien dio a conocer en Occidente las ideas del filósofo griego.

Dos grupos bereberes venidos de Africa del Norte —los almorávides (1086) y los almohades (1172)— lograron la unión de Al-Andalus, pero resultó poco duradera. La derrota de los almohades en la Batalla de las Navas de Tolosa (1212), dejaría a Andalucía a merced del Rey Fernando III el Santo. Córdoba se tomó en 1236

«Historia ilustrada de España», escrita en los azulejos de la Plaza de España, en Sevilla.

y Sevilla en 1248, convirtiéndose más tarde en la capital del reino de Castilla y León. Los árabes se quedaron con el reino de Granada, en manos de la dinastía nazarí. Bajo el reinado de los nazaríes, la arquitectura árabe alcanza su mayor apogeo; exponentes de este periodo son la refinada Alhambra de Granada y el Alcázar de Sevilla, construido para Pedro el Cruel, rey de Castilla, por artistas granadinos, como muestra del intercambio cultural y económico que existía entre ambos lados de la «frontera».

La unión de los dos reinos cristianos —Castilla y Aragón—, mediante el matrimonio de Isabel y Fernando, permitió a los Reyes Católicos concluir su cruzada dos siglos más tarde. Ronda cayó en 1485, Málaga en 1487 y la toma de Granada tuvo lugar en 1492. Al rey Boabdil no le quedó más

Un milagro de armonía: el Patio de los Leones de la Alhambra (Granada).

que tomar el camino del exilio por el puerto bautizado como **el Suspiro del Moro:** «Llora como mujer lo que no supiste defender como hombre».

América: luces y sombras.

El mismo año en que Granada era sitiada, la reina Isabel la Católica decidió apoyar el proyecto que le presentó Cristobal Colón, un navegante genovés.

Colón embarcó en el puerto de Palos de la Frontera, el 3 de agosto de 1492; el 12 de octubre de ese mismo año, avistó la isla de Guanahaní. El descubrimiento y la conquista de América, y las inmensas riquezas traídas de allí permitieron a Andalucía revivir una época dorada. En el siglo XVIII, Sevilla poseía el monopolio del comercio con América, lo que se tradujo en la construcción de múltiples palacios e iglesias. España entera vivió el denominado **Siglo de Oro**, sobre todo en el campo de la cultura.

Pero detrás de esta suntuosa fachada se ocultaba una realidad muy diferente. Ya lo dijo Quevedo: «El dinero nace en América, muere en Sevilla y resucita en Génova». La expulsión de los judíos en 1492 supuso un desastre económico; la de los moriscos, en 1610, privó a España de hábiles agricultores y artesanos. La llegada de dinero fácil y el desprecio por el trabajo impidieron el desarrollo del país, mientras que las incesantes guerras llevadas a cabo por Carlos V y Felipe II condujeron a España a la bancarrota. A esto hay que añadir la partición, llevada a cabo por los Reyes Católicos, de extensos territorios reconquistados en favor de la nobleza, por lo que se desarrolló en Andalucía el **latifundio** como principal tipo de propiedad; todavía deja sentir sus efectos sobre la población. Todo esto, unido a la mediocridad de los sucesores de Felipe II, resultó en un terrible caos económico, a consecuencia del cual España desapareció del mapa de las principales potencias europeas.

En 1704, durante la Guerra de Sucesión, los ingleses se apoderarían de Gibraltar. Ya en el siglo XIX, Andalucía fue escenario de diversos episodios de la guerra entablada entre Napoleón e Inglaterra. La flota española, aliada de Francia, sufrió en 1805 el desastre de Trafalgar frente a los ingleses. La

La Catedral de Sevilla: «Construyamos un edificio que hará pensar al mundo que estábamos locos».

17

subida al trono de José Bonaparte provocó una revuelta nacional, inicio de la Guerra de la Independencia (1808-1814). La primera victoria de esta guerra fue sobre las tropas del general Dupont (1808), en la Batalla de Bailén; no obstante, los franceses ocuparon todas las ciudades andaluzas, a excepción de Cádiz, donde las Cortes proclamaron la primera constitución española de corte liberal. Las colonias de América aprovecharon este período de inestabilidad para proclamar su independencia,

La pesca, importante fuente de recursos de la economía andaluza.

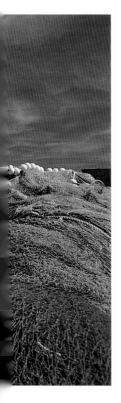

privando así a España de su principal fuente de ingresos, lo que provocó —entre otras cosas— la emigración masiva de la población.

Tanto el s. XIX como el s. XX están marcados por enfrentamientos sociales entre los campesinos sin tierra y los terratenientes. A partir de 1936, Andalucía quedó en manos de los franquistas. Los años 60 conocieron el desarrollo del turismo y explotación intensiva de los recursos del litoral.

Hoy en día, Andalucía es una comunidad autónoma con parlamento y gobierno propios. Una tierra orgullosa de su glorioso pasado, festejado en la Expo de 1992 de Sevilla —con motivo del V Centenario del Descubrimiento de América— como testimonio de su afán de superación, aún a pesar de las dificultades económicas del momento.

Andalucía mira al futuro: el Puente del Alamillo de Sevilla.

Arquitectura andaluza

La riqueza y diversidad de la arquitectura andaluza se explica por un pasado que dio cabida a dos culturas. De la época antigua sólo quedan algunos vestigios y cuando pensamos en arquitectura andaluza, pensamos irremediablemente en la arquitectura árabe. La arquitectura árabe en Andalucía ha conocido tres períodos: El período **califal** (s. VIII-XI), de influencia siria, comprende tres tipos de construcción: los **alcázares** o palacios ——con sus jardines y patios—, las **alcazabas** o fortalezas y las **mezquitas** — de planta rectangular y columnas que soportan pilares con arcos dirigidos hacia el muro de la *quibla*, un amplio patio para las abluciones y un minarete. La Mezquita de Córdoba es el más bello ejemplo de este período, y las ruinas de Medina Azahara son otra muestra de la arquitectura de la época. El período **almohade** (s. XII-XIII), de origen magrebí, produjo un arte más austero. Las principales características son el uso del ladrillo, la aparición del artesonado y los azulejos.

Y —por último— el período

Arabescos en piedra de la Mezquita de Córdoba.

nazarí (s. XIV-XV), cuya arquitectura se caracteriza por el exquisito refinamiento de su decoración (la Alhambra de Granada). Éste tiene dos variantes bien diferenciadas: el estilo mudéjar, realizado por árabes en tierra cristiana y el estilo mozárabe, de clara influencia árabe.

El urbanismo árabe se puede admirar en numerosos barrios, pero el patio interior central — característico de las casas andaluzas— se lo debemos a los romanos.

Gracias a la Reconquista y al oro de las Américas proliferaron los edificios de arquitectura cristiana: religiosa —por un lado— como las iglesias góticas de los siglos XIII y XIV y civil —por otro— que podemos admirar en los palacios, castillos y edificios administrativos. El estilo isabelino, creado durante el reinado de los Reyes Católicos, surgió como un estilo de transición entre el gótico y el Renacimiento. Su mayor aportación fue la introducción de una decoración exuberante y a éste le siguió —en el s. XVI— el estilo **plateresco** que se caracteriza por una decoración exterior de extraordinaria fineza. Durante esta época se desarrolla el neoclasicismo de influencia italiana, que podemos admirar en el Palacio de Carlos V de Granada y —a partir del s. XVII— el estilo

Mezquita de Córdoba: el refinamiento del arte califal.

que predomina es el **barroco**, que alcanzará en Andalucía su mayor esplendor. El maestro granadino Alonso Cano, a quien se debe la fachada de la catedral, fue el precursor de este estilo.

SU GENTE Y SU CULTURA

Bizet escribió el libreto de *Carmen* en una época en que las «españoladas» estaban de moda. Su ópera dio a conocer una cultura andaluza completamente paródica, que a veces se hace extensiva a la cultura española en su conjunto. Es la España de pandereta, de la que no se puede decir que estemos orgullosos los españoles. A pesar de ello, cuando pensamos en el flamenco y en los toros, estamos pensando en Andalucía, tierra donde estas dos artes se aúnan; como dice la **copla**: *El toreo y el cante son / hermanos gemelos / el arte es su padre / y su madre el sentimiento...*

El flamenco

El origen del flamenco *(ver págs. 76-77)* es incierto y controvertido. Para algunos, es un arte puramente gitano, cuyas raíces habría que buscar en la música antigua de la India. Para otros muchos, el flamenco es andaluz —eso sí— con influencias árabes y aportación gitana. El **cante**, ya hable de trabajo, amor (desesperado la mayoría de las veces), nostalgia o encarcelamiento, surge directamente del alma, y a veces se hace incompatible con las leyes del mercado, por lo que no es tan fácil escucharlo. Un auténtico **cantaor** debe tener **duende**, esa extraña inspiración que no se sabe cuándo va a surgir. Es cuestión de tiempo y paciencia, hasta que se produce la perfecta unión entre el cantaor, vaso de jerez en mano, y el guitarrista, que rasga unas cuantas notas; entonces surge el **cante jondo**, alentado por los **olés** (¿alteración de Alá, tal vez?). Por desgracia, la austeridad de este arte misterioso rara vez puede verse en los **tablaos** de las zonas turísticas o en las cuevas del Sacromonte granadino...

Jinetes y amazonas: Sevilla en feria.

Romerías y procesiones

Los andaluces tienen fama por su fervor religioso, del que hacen gala en manifestaciones como las **romerías**, de las que el Rocío es la más conocida *(ver p. 48)*. En Semana Santa las procesiones las llevan a cabo los cofrades encapuchados, que a veces caminan descalzos o soportando el peso de la cruz. Las vírgenes se ornamentan ostentosamente en una mezcla impresionante de piedad y paganismo. Salen de las iglesias en los pasos, y se les dedican apasionadas **saetas** desde los balcones; a veces se las mueve acompasadamente, para agradecer al **cantaor** su **duende**. En ocasiones, cuando los penitentes de dos parroquias distintas se encuentran, compiten en alabanzas y comentarios sobre las Vírgenes que transportan. Si se encuentra en Sevilla durante la Semana Santa, comprobará por sí mismo que los pasos que gozan de mayor aceptación son los de la Macarena, la Virgen de la O y el Cristo Gitano (**El Cachorro**). En lugar de limitarse a mirar el

23

Una saeta a la Virgen. ¡Guapa!

paso de las procesiones, siga a una cofradía de principio a fin, hasta su llegada a la iglesia para devolver a su Virgen. El ambiente que reina es sobrecogedor.

Las ferias

Las ferias, en su origen, eran agrícolas y siempre iban seguidas de una fiesta. Hoy en día las ferias son la fiesta misma. Los **caballeros** llevan a las mujeres, vestidas de faralaes, en la grupa del caballo y con el vaso de Jerez colgado del cuello. En las **casetas** —gigantescas tiendas de campaña a las que hay que ir, a veces, invitado— se canta, se baila y se puede escuchar buen flamenco. Las ferias, por lo general, coinciden con las ferias taurinas. Las más famosas son, aparte de la de Sevilla (en abril), la de Jerez de la Frontera

(principios de mayo), las de Córdoba (mayo) y Granada (Corpus), y las de Málaga y Almería, que se celebran en agosto.

La corrida

La corrida de toros no es una fiesta exclusivamente andaluza; Navarra también podría reivindicar su paternidad. Pero son los andaluces quienes —a finales del s. XVIII— empezaron a codificar las reglas; maestros como «Costillares» y «Pepe Hillo» en Ronda y Pedro Romero —a quien Goya dedicó un retrato—, de quien se dice que se retiró a los 75 años, después de haber lidiado más de 5.600 toros y sin recibir el menor rasguño.

En plena faena.

En las **Marismas** han proliferado las fincas dedicadas a la cría de toros de lidia, lo que ha llevado a numerosos jóvenes a elegir esta arriesgada profesión, ya sea en busca del ascenso social, ya sea por estar familiarizados con la «cultura taurina», origen de muchas vocaciones. La mayoría de las ciudades andaluzas han sido cuna de grandes toreros. Los sevillanos son innumerables, pero destacaremos los nombres de Juan Belmonte y José Gómez «Gallito», quienes —entre 1910 y 1920— protagonizaron la época dorada de la fiesta taurina, y Curro Romero, una leyenda viviente que —a sus 63 años— permanece aún en activo. De Córdoba son los cuatro «califas»: Lagartijo, Guerrita, Machaquito, y el gran Manolete, así como Manuel Benítez, «El Cordobés». Ronda vio nacer al maestro Antonio Ordóñez, Jerez es el reino de Rafael de Paula, un gitano cuyas faenas fueron legendarias y cosechó enormes triunfos; se dice que era capaz de «detener el tiempo». Sanlúcar es la patria de Paco Ojeda, el último torero que ha revolucionado la tauromaquia. Cada pueblo tiene su gloria pasada, su realidad presente o su futura promesa del toreo *(ver además p. 97).*

VISITAS IMPRESCINDIBLES

En Andalucía hay innumerables lugares que merecen una visita. Aquí le presentamos una selección de diez de ellos que no debe perderse.

La Alhambra de Granada★★★

La Alhambra, Calat Al-Hamra, o palacio rojo, es una de las joyas arquitectónicas de España y máxima representante del exquisito refinamiento de la arquitectura árabe. Su visita es obligada no sólo por su emplazamiento —que proporciona una vista incomparable de Granada—, su arquitectura, la decoración, los juegos de luz y volúmenes... sino además por la belleza de sus jardines y el rumor incesante del agua, un auténtico deleite. Destacaremos el **Patio de los Leones** y la **Sala de los Embajadores**. Vale la pena dedicarle varios días.

La Mezquita de Córdoba★★★

El bosque de columnas de la Mezquita de Córdoba es impresionante. El edificio, una de las maravillas del arte hispano-árabe, permaneció intacto tras la toma de la ciudad en 1236 por los cristianos, hasta que —tres siglos más tarde— el obispo de Córdoba convirtió su núcleo central en catedral. Cuando Carlos V visitó el edificio, exclamó: «Habéis destruido algo extraordinario, que no se ve en ninguna parte, para construir algo ordinario, que se ve por todas partes». A pesar de esta mutilación parcial, la mezquita no deja de ser fascinante y su magnífico mihrab★★★ justifica por sí mismo la visita.

Sevilla: la Catedral★★★ y la Giralda★★★

«Construyamos un edificio que hará pensar al mundo que estábamos locos», declararon los creadores de la Catedral de Sevilla cuando

La Alhambra de Granada: la exquisitez etérea del arte nazarí.

decidieron reemplazar la mezquita por la iglesia gótica más grande de Europa.

De la mezquita original sólo queda el minarete, la famosa **Giralda**★★★, que toma el nombre del **giraldillo**, estatua de la Fe que remata la torre, actualmente símbolo de Sevilla. La subida, de escasa pendiente, fue pensada para que se pudiera realizar entera a caballo. Desde allí, se disfruta de una vista★★ de la ciudad que recompensa el esfuerzo. La catedral alberga múltiples tesoros, como el enorme **retablo hispano-flamenco**★★★ y la tumba de Colón, llevada

por los reyes de los cuatro reinos de la España
cristiana: Castilla, Aragón, León y Navarra. (Existe
otra tumba de Colón en Santo Domingo. La
polémica está servida).

El Generalife de Granada★★

Palacio de verano de los reyes nazaríes de Granada, el Generalife se encuentra sobre una colina, a escasa distancia de la Alhambra. Es una de las más bellas muestras de jardines árabes; el agua corre por sus canalizaciones como un incesante murmullo, lo que no impide que se escuche el trino de los pájaros.

Ronda★★

El Tajo de Ronda: ¡de vértigo!

Ronda es, sin duda, la ciudad andaluza que mejor ha conservado el trazado de la ciudad árabe en su casco antiguo, además de otros numerosos vestigios de su pasado. Es famosa, además, por la decoración de sus rejas de hierro forjado sobre las casas blancas. Pero su fama se debe, sobre todo, a dos elementos únicos: su emplazamiento★★ sobre el **Tajo** —impresionante corte de la roca provocado por el Río Guadalevín, que divide la ciudad en dos partes—, y la **plaza de toros**★— según parece, la más antigua de España (1785), lo que nos recuerda que esta ciudad es la cuna de la tauromaquia moderna. Vale la pena entrar en la plaza para admirar sus bellas columnas. En el mes de septiembre se celebra una corrida goyesca, con trajes de época, como dejó plasmado Goya en sus grabados; los toreros llegan a la plaza transportados en calesa. Este acontecimiento atrae a gente de toda Andalucía. Si no tiene la oportunidad de presenciarla, confórmese con una visita al Museo Taurino, dedicado a las dinastías locales: la de los Romero, que en el s. XVIII contribuyó a la creación de la tauromaquia moderna, y la de los Ordóñez, que en el s. XX inspiraría a Hemingway. Pedro Romero (1754-1839) y Antonio Ordóñez (1932) tienen sendas estatuas cerca de la plaza.

Los pueblos blancos★

Los *pueblos blancos* andaluces son de origen árabe. Están formados por callejuelas estrechas que conservan el frescor, plazas donde el agua brota incesantemente de las fuentes y casas níveas que se encaraman por el monte, a menudo coronado por las ruinas de la **alcazaba**. Seguir la ruta de los pueblos blancos —por los alrededores de Ronda— es el mejor modo de ver varios de una vez, como Olvera, Ubrique, Setenil, Grazalema★, Algodonales, Benadalid o Gaucín y **Arcos de la Frontera★**, pero en Andalucía abundan y, los puede encontrar por todas partes sin buscarlos.

Arcos de la Frontera, balcón al infinito.

Barrio de Santa Cruz, Sevilla★★

Un laberinto de callejuelas estrechas que le llevarán de plaza en plaza; las forman casas encaladas y decoradas con fantásticas rejas de hierro forjado, tras las que se esconden patios floridos y sombreados. En el Barrio de Santa Cruz podrá pasar horas caminando sin rumbo fijo, siempre encontrará algo que le sorprenda; usted sólo tiene que dejarse seducir por su misterioso encanto.

El Albaicín, Granada*

A los pies de la Alhambra, separado de ella por el Río Darro, el Albaicín es el barrio moro de la ciudad. Es difícil describir el encanto de este laberinto de calles blancas, donde abundan los cármenes y los conventos; desde el Mirador de San Nicolás se puede disfrutar de una magnífica vista** de la Alhambra y de Sierra Nevada.

Ubeda** y Baeza**

Fueron las dos primeras ciudades andaluzas reconquistadas por los cristianos tras la Batalla de las Navas de Tolosa. Estas dos ciudades, distantes entre sí unos kilómetros, están irremediablemente unidas. En ellas abundan los palacios y las iglesias de estilo castellano. Su arquitectura y su vocación universitaria les ha valido el sobrenombre de «las hermanas menores de Salamanca». Se encuentran en una zona a caballo entre Castilla —austera, digna— y Andalucía —despreocupada, luminosa—, y bien merecen un desvío por los olivares de Jaén.

Granada, Capilla Real**

Se construyó por orden de los Reyes Católicos, que deseaban ser enterrados en esta ciudad, símbolo de la España cristiana reunificada. La Capilla Real es de estilo gótico flamígero y alberga, además de las **tumbas de mármol***** de los Reyes, un **museo**** que consta de una extraordinaria colección de pintura: maestros flamencos (Van der Weyden, Memling), italianos (Botticelli) y españoles (Berruguete).

LA COSTA DEL SOL

La Costa del Sol ocupa el litoral mediterráneo entre la provincia de Almería y Estepona. Forma una estrecha banda costera con la cordillera bética como telón de fondo. Goza de un clima ideal, de inviernos muy suaves y veranos cálidos, lo que explica que sus playas —tanto de arena como de piedras— sean muy frecuentadas durante todo el año.

A lo largo de la costa proliferan los lugares turísticos, a veces de modo anárquico, como ocurre en la parte Oeste de Málaga. Aquí encontrará el lugar de veraneo que andaba buscando. Las playas de **Fuengirola, Benalmádena** y **Torremolinos** —con sus torres, apartamentos y hoteles, dedicadas al turismo de masa— son las más frecuentadas. La carretera a veces puede resultar atestada, pero las playas son amplias y agradables, con múltiples servicios y actividades de ocio.

Puede optar por la tranquilidad de **Estepona** o

Estepona: Una invitación al baño.

Sardinada en la playa.

San Pedro de Alcántara, agradables zonas residenciales de chalés con jardín, inmersas en una exuberante vegetación. **Marbella★** tiene la ventaja de haber conservado su casco antiguo de casas blancas y plazas sombreadas por naranjos. Durante una época fue el lugar de residencia de la «jet-set», que ha optado por acomodarse en los barrios periféricos, mientras que en el centro proliferan los rascacielos. A pesar de ello, dispone de un *paseo marítimo* muy agradable y de una bonita playa. Si prefiere un ambiente más suntuoso, lo encontrará en **Puerto Banús★**, un lugar de alto nivel que atrae —en detrimento de Marbella— a la juventud adinerada; podrá dejar su yate en el puerto deportivo y visitar tranquilamente las tiendas de alto nivel. Pero si lo que busca es la calma, no dude en quedarse en **Cala de Mijas**, donde pequeños chalés de estilo andaluz llegan hasta la misma playa. En todos estos lugares turísticos podrá disfrutar de un sinfín de actividades durante el día (playa en familia, wind-surf...) y durante la noche (bares de copas, discotecas...). Esté siempre atento a las condiciones higiénicas del agua. **Tarifa** es el paraíso de los amantes del wind-surf, punto de encuentro entre el Mediterráneo y el Atlántico, donde el viento está siempre asegurado. Los aficionados al golf podrán demostrar su pericia en los «greens» de **Sotogrande**, y en las marinas del **Puerto de la Duquesa**.

En el interior de la región, podrá hacer excursiones a los pueblos blancos de Casares, al Este de Estepona, **Ojén**, **Monda** y **Coín**, al Norte de Marbella, y —sobre todo— **Mijas★**, cerca de Fuengirola. Todos ellos ofrecen unas bellas vistas de la costa, numerosos restaurantes y tiendas de artesanía.

Al Este de Málaga, la costa se vuelve más escarpada y las playas se reducen a pequeñas calas, por lo que están menos solicitadas. En esta

Escala en Marbella.

parte le llamarán la atención las **Torres Moras**, edificaciones cónicas construidas sobre los promontorios costeros entre los s. XV y XVIII, servían de atalayas desde las que vigilar las frecuentes incursiones de los piratas, razón por la que los habitantes tuvieron que construir sus pueblos en lo alto.

Nerja es famosa por su Balcón de Europa, construido sobre el mar, pero —sobre todo— por las **Cuevas de Nerja★★**, de enormes dimensiones y habitadas desde el Paleolítico. En la grandiosa Sala de la Cascada se celebran conciertos en verano, entre el frescor de las estalactitas y estalagmitas. La costa está formada por pequeñas calas, y el centro del pueblo ha conservado su aspecto andaluz. La carretera que bordea el litoral ofrece unas bellas vistas★★ de la costa escarpada. La zona turística de **Almuñécar** está formada por chalés desperdigados sobre las colinas, y a sus pies se abre la planicie de Motril, su clima subtropical hace posible el cultivo de las frutas tropicales y de la caña de azúcar, cuyo olor denso y pesado se puede sentir en el ambiente.

Motril es un centro de producción azucarera y de elaboración de un ron muy aceptable. Subiendo en dirección a Granada, haga un alto en Lanjarón, famoso por sus aguas, los balnearios de montaña y la artesanía de mimbre. Desde ahí arranca la carretera de las **Alpujarras★**, cadena montañosa donde los moriscos se refugiaron después de la Reconquista, hasta su expulsión en 1571. Descubrirá la belleza de sus pueblos blancos y floridos, construidos en terrazas y famosos por su artesanía, como **Pampaneira**, **Capileira** o **Trévelez**, a más de 2.000 m.

Más al Este, la zona de **Aguadulce** intenta rivalizar con la malagueña Costa del Sol.

*Gibraltar, un rincón
británico a las
puertas de Africa.*

RONDA★★

Situada en el corazón de la *Serranía* del mismo nombre, Ronda está edificada en un paraje★★ espectacular, sobre el **Tajo★**, se trata de una garganta —de 150 m de profundidad— horadada en la roca por el Río Guadalevín, que divide la ciudad en dos partes: la Ciudad o parte más antigua, y el **Mercadillo**, unidas por el Puente Nuevo del s. XVIII.

Un paseo por la **Ciudad★** —la antigua ciudadela árabe, cuyas calles permanecen inalterables— le transportará al hechizo de Al-Andalus. No se pierda la galería de la **Colegiata**, una antigua mezquita de la que se conserva el minarete, y los baños árabes en la parte baja de la ciudad.

Las cuevas de Nerja y su peculiar sala de conciertos.

Mijas: Blanco y verde, los colores de Andalucía.

37

La Colegiata de Ronda con su minarete «reformado».

El Tajo no es obstáculo para el Puente Nuevo de Ronda.

Si sigue paseando, podrá descubrir la fachada renacentista del Palacio de **Salvatierra** y cruzar el río por el puente romano para llegar al centro por las escaleras que bordean el Tajo o por las callejuelas.

El Mercadillo destaca —sobre todo— por su **plaza de toros**★ *(ver p. 29)*. Los jardines del Hotel María Cristina, donde se alojó Rilke, y desde los que se disfruta de una vista del Tajo, emanan un halo romántico teñido de melancolía.

La Serranía de Ronda y sus pueblos blancos.

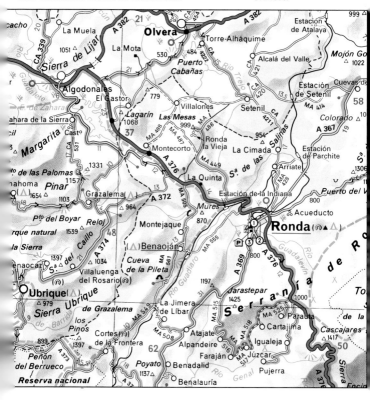

La Serranía de Ronda

Las montañas de Ronda constan de zonas desérticas y zonas arboladas; éstas albergan una fauna muy rica, donde crece el **pinsapo**, una conífera que es prácticamente un fósil viviente del cuaternario. Abundan —sobre todo— los alcornoques, que bordean la carretera hacia los **pueblos blancos**★. No se pierda la **Cueva de la Pileta**★, cuyas pinturas rupestres datan de hace 25.000 años.

Arcos de la Frontera★, encaramada sobre un promontorio rocoso, bien merece una visita por

Benadalid, una «flor blanca» en la sierra.

su emplazamiento excepcional★★. Deje el coche en la parte de abajo del pueblo, pues las calles que suben son muy estrechas y podría verse en un apuro. No se arrepentirá de la subida hacia el centro del pueblo, donde se encuentra la **Plaza del Cabildo**, desde la que se disfruta de una vista magnífica★. Un alto en el Parador de la misma plaza le servirá para reponer fuerzas.

OLIVARES DE JAÉN

Viniendo de Castilla, la provincia de Jaén es la puerta de Andalucía. El único punto de acceso es el Puerto de **Despeñaperros**, famoso antaño por los bandidos de la sierra que asaltaban a los viajeros —un hecho que deleitaba a los aventureros románticos.

Pasado el puerto se descubre un paisaje formado por interminables filas de olivos que se pierden en el horizonte; el brillo argénteo de sus hojas destaca sobre la tierra rojiza.

En Jaén se encuentran dos lugares fundamentales en la historia de España: **Las Navas de Tolosa**, donde el ejército formado por las tropas unidas de Castilla, Aragón y Navarra derrotó en 1212 a los almohades, abriendo así las puertas a la reconquista de Andalucía, y **Bailén**, donde el ejército napoleónico fue vencido en julio de 1808, en plena Guerra de la Independencia.

La ciudad de **Jaén** carece de grandes puntos de interés, pero en su provincia encontramos lugares

Catedral de Baeza, espíritu castellano.

Cómpeta, cerca de Nerja: tierras de Al-Andalus (página siguiente).

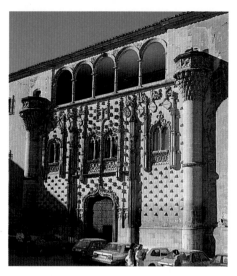

La suntuosa fachada isabelina del Palacio de Jabalquinto, en Baeza.

como **La Carolina**, creada por Carlos III como nueva población en el s. XVIII; para habitarla vinieron colonos de Suiza, que cayeron víctimas de la malaria. El urbanismo de esta pequeña ciudad rectangular, de callejuelas muy regulares y simétricas, se asemeja a una fortaleza. Después de pasar por la ciudad minera de **Linares** (célebre porque fue donde el torero Manolete encontró la muerte en 1947) no deje de visitar **Ubeda★★**: su casco antiguo★★, donde abundan palacios e iglesias, es una de las más bellas muestras de arquitectura renacentista. Citaremos la Plaza Vázquez de Molina★★, donde se encuentra el Parador y, cerca de allí, la Iglesia del Salvador★★, cuya lujosa decoración es obra de Diego de Siloé. A pocos kilómetros se encuentra **Baeza★★**, primera ciudad andaluza reconquistada a los árabes en 1227, convertida en ciudad universitaria en 1595. Su **centro monumental★★** destaca por el encanto de sus fachadas doradas, sus plazas —como la del Pópulo★ y la de Santa María— y el lujoso Palacio de Jabalquinto★, maravilloso ejemplo del gótico tardío.

FINO Y MANZANILLA

El famoso vino de Jerez o «sherry», se elabora con la uva que crece en los viñedos del delta del Guadalquivir, explotados desde tiempos inmemoriales. **Jerez de la Frontera★**, ciudad popular —una de las patrias del flamenco, vio nacer al famoso *cantaor* Antonio Chacón— a la vez que aristocrática, merece la pena sobre todo por sus **bodegas★**, donde se elabora el fino en sus distintas variedades: **amontillado** —si está envejecido—, o **palo cortado** —dulce y oloroso—, vino más azucarado que se toma con los postres. El nombre de los productores indica que la propiedad de los viñedos está en manos de

El jerez, un vino con clase.

familias de origen inglés (Williams, González Byass) o francés, como los Domecq, que llegaron a principios del s. XIX. Huelga decir que la visita (no siempre disponible, infórmese en la Oficina de Turismo), va acompañada de una degustación. Le aconsejamos que después no coja el coche, pues estos vinos tienen una graduación que va de los 17° a los 24°.

Jerez es asimismo la capital del caballo andaluz, que recibe el nombre de *cartujano*. **La Escuela Jerezana de Arte Ecuestre★**, creada en 1973, ofrece los jueves por la mañana su magnífico espectáculo «Cómo bailan los caballos andaluces»★★ donde podrá admirar las demostraciones de monta y doma.

Las fachadas barrocas de los palacios de la ciudad (Casa de los Domecq, de los Ponce de León, de los Pérez Luna...), así como la Colegiata, son dignos de admiración. Es de interés —además— el curioso **Museo de Relojes★★**.

Más al Sur, el **Puerto de Santa María** es —ante todo— el puerto desde el que se exporta el vino de Jerez, principalmente a Inglaterra (que acapara el 40% de la producción). Pero esta pequeña ciudad industrial —con mucha vida— posee a su vez bodegas como la de los Osborne —famosas por su publicidad, que «sembró» de toros las carreteras españolas. El «toro de Osborne» está considerado hoy en día como parte del patrimonio nacional.

La ruta del vino no estaría completa sin un desvío al puerto de **Sanlúcar de Barrameda**, en la desembocadura del Guadalquivir, desde donde partió Magallanes para dar la vuelta al mundo. Es la patria de la manzanilla, que tiene adeptos incondicionales. La manzanilla se elabora como el Jerez, pero tiene un regusto salado, por la brisa marina —según dicen. Aquí también podrá visitar las bodegas o —si lo prefiere— tomar la manzanilla con unas tapas en la barra de uno de los innumerables bares del pueblo.

Cádiz, la ciudad más antigua de Europa.

CÁDIZ

El emplazamiento de la ciudad de **Cádiz**★ es incomparable. Forma una península fortificada, unida a tierra firme por un estrecho cordón litoral. Fue fundada por los fenicios en el 1100 a. C. y es la ciudad más antigua de Europa. El s. XVIII marca el inicio de su prosperidad: Cádiz se hizo con el monopolio del comercio con América, pues el cegamiento del Guadalquivir obligó a Sevilla a renunciar a este privilegio. Su nombre está estrechamente ligado a acontecimientos históricos como el desastre de Trafalgar (1805), o la resistencia a las tropas de Napoleón, quien no consiguió invadir la ciudad a pesar de haberla sitiado. Años más tarde, los representantes de las Juntas Provinciales se constituirían en Cortes bajo la cúpula de la iglesia de San Felipe Neri, para proclamar la Constitución liberal de 1812. En 1823 se produjo la toma del Fuerte de Trocadero, que quedaría reflejada más tarde en la toponimia parisina. Hoy en día, Cádiz es una ciudad moderna y de gran actividad (puerto, astilleros navales...). No deje de recorrer los **Paseos Marítimos**★, cuya bahía está decorada con bellos jardines★.

El **Museo de Cádiz★** merece la pena una visita por su sección arqueológica y —sobre todo— por una serie de **cuadros de Zurbarán★** pertenecientes al mejor período del artista.

Doñana

Viajando por la autopista de Sevilla a Huelva, tome el desvío a Bollullos del Condado, donde podrá degustar unos vinos blancos —secos y ligeros— que van a las mil maravillas con el pescado y el marisco. Siga las indicaciones hacia Almonte para llegar al curioso pueblo de **El Rocío**: un pueblo blanco construido sobre la ribera de la marisma, de callejuelas cubiertas de una tierra ocre, como salidas de un escenario de películas del Oeste. El Rocío alcanza su «punto de ebullición» durante la *romería* en honor de la Virgen de **la Paloma Blanca**. Es —probablemente— la romería más grande de España, pues se estima que acuden a ella hasta un millón de peregrinos. Aquí, lo profano y lo sagrado están tan unidos que es difícil distinguir dónde termina lo uno y dónde empieza lo otro. Vestidos a la andaluza —a caballo o en carretas decoradas con flores y tiradas por bueyes— los rocieros vienen de toda Andalucía para recorrer los caminos de la trashumancia, y salen a veces hasta con diez días de antelación. El vino corre a raudales en los improvisados campamentos, el sonido lacerante de los tambores resuena sin cesar, lo que, junto con el cante flamenco —alrededor del fuego de leña—, hace de este peregrinaje una especie de *feria* ambulante. Su punto culminante se produce en el momento en que —durante la noche— se saca a la Virgen de su iglesia para la procesión; entonces se suceden las grescas entre las cofradías, los *piropos* —no siempre de carácter religioso— dirigidos a la Virgen y otras estremecedoras escenas de delirio colectivo... hasta que vuelve a reinar la calma en el pueblo.

En el mismo pueblo encontrará un observatorio desde el que podrá descubrir la fauna avícola del **Parque Nacional de Doñana★**.

EL DELTA DEL GUADALQUIVIR

El Centro de Información de **El Acebuche** —instalado en un *cortijo* andaluz— es muy interesante, pues consta de una exposición permanente y de vídeos sobre la historia y el ecosistema del parque. Los vehículos «todo terreno», reservados con varios días de antelación, le permitirán descubrir —a lo largo de media jornada— los tres ecosistemas existentes en el parque: Al Oeste, los cotos o arenales estables, recubiertos de arbustos y de algunos árboles, como los pinos; después, la **marisma**, zona pantanosa y auténtico paraíso de la fauna avícola y —en la costa— las **dunas móviles**, que avanzan unos seis metros al año.

Los flamencos van al Sur.

Esta reserva protegida ocupa en su totalidad una superficie de 73.000 has y es el parque nacional más grande de España. Sometido a la vez a la influencia atlántica y mediterránea, cerca de las costas africanas, es un lugar de paso y descanso para innumerables especies de aves migratorias, por lo que fue calificada como reserva botánica y zoológica en 1969.

En el parque podrá descubrir las 125 especies de aves que viven permanentemente y las 150 especies que suelen descansar unos días antes de continuar su periplo migratorio: flamencos rosas, garzotas, dardabasíes, águilas imperiales e infinidad de variedades de ánades. Dentro de la fauna de mamíferos, abundan los cérvidos y los jabalíes; también podrá admirar al lince. No olvide los prismáticos y un teleobjetivo para su

El Rocío, santuario de aves y de la Paloma Blanca.

cámara. Siguiendo por la carretera, se encontrará con **Matalascañas**, primer centro turístico de la Costa de la Luz, situado entre el parque y el mar; un lugar privilegiado para gozar de la naturaleza —incluso a caballo. La costa —oculta por enormes dunas— está bordeada por pinares, a través de los cuales discurre una carretera que le conducirá hasta **Mazagón**, donde podrá seguir las huellas de Colón visitando **Palos de la Frontera** y su vecina **Moguer**, inmersas en un extraño paraje lunar. Desde el puerto de Palos —hoy inactivo— partió el navegante genovés en su primer viaje a América el 3 de agosto de 1492, y regresó al puerto de Moguer en marzo de 1493, tras el descubrimiento que marcaría para siempre el destino de Andalucía.

El cercano Monasterio de La Rábida forma parte, a su vez, de la historia del descubrimiento de América. Fue aquí donde —en 1484— Colón convenció a un monje astrónomo, Antonio de Marchena, de la posibilidad de alcanzar las Indias por la ruta del Oeste. Ocho años más tarde, Marchena hizo lo mismo con la reina Isabel la Católica, quien accedió a costear una empresa en la que poca gente confiaba. Del convento donde se alojó Colón queda ya poco, a excepción del claustro.

Huelva, la capital de la provincia, erigida sobre la desembocadura de Río Tinto, fue el punto de partida de numerosas expediciones para el Nuevo Mundo. Actualmente es un puerto industrial muy activo —gracias a las riquezas mineras del interior de la región—, pero ofrece poco interés turístico. La figura de **Cristóbal Colón** goza de una enorme estatua en el puerto.

La Costa de la Luz, hasta la frontera con Portugal, ofrece vastas playas de arena salpicadas de lugares turísticos como **Punta Umbría**, **Ayamonte** e **Isla Cristina**. Las playas son de gran belleza, pero el impetuoso océano las reserva más para los aficionados al wind-surf que para los amantes de la playa en familia.

Al Norte, sobre las faldas de Sierra Morena, merece la pena desviarse al pueblo de **Aracena**, localidad típica de montaña (1.000 m de altitud), coronada por las ruinas de un castillo templario, cuya iglesia posee un minarete decorado como la Giralda. Pero Aracena debe su fama a la Gruta de las **Maravillas★★**; sus paredes —decoradas con colores vivos, resultantes del óxido de los metales— ofrecen un espectáculo único a los amantes de las rarezas naturales. La **Sierra de Aracena★** es muy verde y a ella acuden numerosos sevillanos huyendo de «la calor» del verano, para gozar de la frescura de los embalses. En **Riotinto** encontrará las impresionantes minas a cielo descubierto: las de cobre, cuya explotación se abandonó en 1986, y las de oro y plata, aún activas. Aproveche su estancia en esta sierra para degustar el famoso jamón de **Jabugo**, el mejor de España, y visitar el castillo de la Mezquita de **Almonaster la Real.**

El legado andalusí

Esta fundación —creada en 1995, durante los Campeonatos del Mundo de Esquí de Sierra Nevada— tiene como fin la reactivación de la economía andaluza mediante un proyecto cultural y turístico que dé a conocer mejor el legado arquitectónico, científico, artesano... y gastronómico de Al-Andalus.

Dentro de este programa se encuentra la creación de rutas de Al-Andalus que, desde Lisboa, Madrid, Marrakech o Damasco, convergen en Granada, así como una serie de publicaciones de calidad, la organización de exposiciones temáticas y la producción de vídeos culturales.

Información: C/ Molinos, 65, 18009 Granada. ℂ 958 22 59 95, fax: 958 22 86 44. Tienda en el Corral del Carbón, en Granada.

Tradiciones siempre vivas: la trashumancia se sigue practicando en las cañadas reales.

Córdoba★★★

Córdoba está edificada sobre la ribera del Guadalquivir, en el centro de una región fértil dedicada a la ganadería y al cultivo del olivo y los cereales. A lo largo de su historia, Córdoba ha permanecido como símbolo de tolerancia y entendimiento entre las tres culturas monoteístas: judía, cristiana y musulmana. Ciudad romana en sus orígenes, capital del califato más tarde, del emirato de Al-Andalus a partir del 719, y sede de la dinastía independiente de los Omeyas desde el 756, Córdoba fue el centro cultural y espiritual de Occidente hasta el año 1236, fecha en que fue

reconquistada a los árabes; tras la caída del
califato, perdió su importancia política al ser
anexionada al reino de Sevilla en el 1070. En ese
momento, la ciudad tenía unos 500.000
habitantes —la mayoría cristianos y judíos—, y
contaba con decenas de escuelas, universidades y
bibliotecas. Con la reconquista y el éxodo masivo
de la población, comenzó su lenta decadencia,
quedó excluida de las riquezas de América y se
consagró a actividades tradicionales,
principalmente agrícolas. Actualmente, Córdoba

Córdoba: el bosque de columnas de la mezquita.

es una ciudad dinámica y moderna, de anchas avenidas, con un crecimiento reciente muy fuerte (50.000 habitantes en 1930, seis veces más hoy en día); cuesta imaginar su pasado de esplendor. Para hacernos una idea de la Córdoba de antaño, convendría empezar la visita por los restos arqueológicos de **Medina Azahara (Madinat al-Zahra)★**, a 8 km de la capital por la carretera de Palma del Río. Más que un palacio, se trata de una auténtica ciudad; construida a partir del año 936 por el primer califa, Abderramán III, y destruida por los bereberes de Almanzor casi un siglo más tarde. La ciudad nueva se convertiría entonces en el centro político del califato. La ciudad, con su mezquita, los jardines y los vestigios de un alcázar impresionante —a la vez palacio y centro administrativo—, se distribuye sobre tres terrazas que dominan la planicie, en cuya cantera trabajaban unos 10.000 obreros. Después de nueve siglos de abandono, este lugar fue descubierto en 1911 y —poco a poco— se van restaurando las distintas dependencias, como la austera Casa de los Visires (Dar al-Wuzara), o el fastuoso Salón de Abderramán, decorado con motivos vegetales. A pesar de su estado ruinoso, la ciudad antigua es una excelente introducción a la capital.

La ciudad de Córdoba hay que visitarla a pie. Su centro histórico es de tamaño bastante reducido y las calles de sentido único dificultan el uso del coche.

En verano, el calor puede llegar a deslucir su estancia. Aproveche la **Fiesta de los Patios** —a principios de mayo— para programar su visita. Durante la fiesta, los patios se abren al público y sus habitantes los decoran profusamente con flores, de tal manera que el encanto de la ciudad se hace más evidente.

Puede entrar en el centro de Córdoba por la Torre de la **Calahorra**, bastión edificado en el s.

XIV para defender el paso por el puente romano. Desde este punto descubrirá una vista magnífica del casco antiguo de la ciudad; se impone el conjunto formado por la mezquita y la catedral. Allí podrá ver, además, un montaje audiovisual sobre el esplendor de la época califal. Pasado el puente y la Puerta del Puente (arco de triunfo construido bajo el reinado de Felipe II), encontrará la incomparable joya de la ciudad, la impresionante **Mezquita-Catedral★★★**. La mezquita fue construida a partir del 780, para verse sucesivamente agrandada mediante la anexión de nuevas naves hasta el 987, año en que alcanzó las dimensiones actuales. Entre por el antiguo patio de las abluciones, patio de naranjos rodeado de galerías porticadas, que da paso al impresionante bosque de columnas —más de 850— unidas por arcos dobles, rojos y blancos; algunos de sus capiteles pertenecieron a la antigua iglesia visigoda que se elevaba en este lugar. No deje de ver la suntuosa y sutil decoración del **mihrab★★★**. La catedral, de estilo plateresco, fue edificada en el centro de la mezquita, por lo que el sentido, la perspectiva y la serenidad de la columnata que formaba la mezquita se vieron gravemente alteradas; algunas columnas fueron destruidas y sustituidas por bóvedas de ojiva para cubrir las nuevas salas. El edificio sería igual de impresionante si hubiera sido construido en otra parte, y podemos pensar que la unión de estas dos obras arquitectónicas —de estilos completamente distintos— no resta encanto a la mezquita actual, aunque lamentemos —eso sí— no poder ver el monumento tal y como fue creado en su momento. Es obligado el paseo por la **Judería★★**; barrio de callejuelas blancas, de paredes cubiertas de centenares de tiestos floridos (el callejón de las Flores es una buena muestra) y maravillosos patios. Aquí encontrará, además, todo tipo de bares y restaurantes donde degustar el famoso salmorejo cordobés, acompañado de un fino de Montilla-Moriles, así como numerosas tiendas de souvenirs y artesanía (objetos de cuero, damasquinados...) y la Sinagoga medieval, una de las tres que existen en España. Cerca de la Judería se encuentra el Zoco, un gran patio donde los artesanos han instalado sus pequeñas tiendas y donde se celebran conciertos en verano. En una de las esquinas del zoco se levanta el **Museo Taurino Municipal**, instalado en una casa del s. XVI; en él se exponen recuerdos de los maestros cordobeses. Las innumerables plazas —pequeñas pero llenas de encanto— le permitirán hacer un alto para tomar un refresco en una de las terrazas de sus bares.

El Guadalquivir, majestuoso a su paso por Córdoba.

De ahí puede llegar hasta el Guadalquivir para conocer el **Alcázar★**, construido en el s. XIV por los cristianos. Este palacio fue sede de la

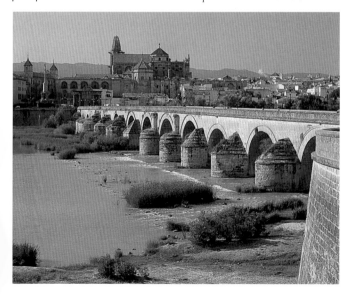

Inquisición durante tres siglos. En algunas salas se exponen los vestigios arqueológicos de la Córdoba romana, pero el conjunto vale la pena sobre todo por sus jardines★ de estilo árabe. Déjese llevar por el azar o por su propia inspiración y descubrirá la Córdoba cristiana, simbolizada en el estremecedor **Cristo de los Faroles**, emblema de la ciudad. Podrá admirar las **Iglesias Fernandinas★**, edificadas en honor de Fernando III el Santo, quien reconquistó la ciudad para los cristianos. Las Iglesias Fernandinas eran catorce, todas ellas de un estilo gótico primitivo y austero, tal y como se puede ver en San Miguel, San Lorenzo y Santa Marina de Aguas Santas. Cerca de ésta se encuentra el fastuoso **Palacio de Viana★★**, que debe su reputación a la belleza de los jardines de sus doce patios. **La Plaza de la Corredera** es una plaza porticada con numerosas tiendas y bares desde la que se llega a la encantadora Plazuela del Potro, donde todavía existe la posada que Cervantes describió en el Quijote. En esta plaza encontrará el Museo de Bellas Artes (colecciones de pintura

La delicadeza de los jardines árabes del Alcázar de Córdoba (abajo izquierda).

española) y el Museo Julio Romero de Torres, dedicado a la obra de este pintor cordobés. **El Museo Arqueológico★** —instalado en el Palacio de los Páez— bien merece una visita, por las colecciones romanas y —sobre todo— por su magnífica colección de artes decorativas árabes, parte de la cual proviene de Medina-Azahara (en particular, el maravilloso **cervatillo★** de bronce).

Los tejados de Córdoba a vista de pájaro.

Granada***

Granada invita a soñar. Lo extraño es que —en este caso— el sueño es superado por la realidad. Los versos del poeta Jorge Icaza le hacen merecida justicia, cuando, a la vista de un mendigo ciego, exclamó: *Dale una limosna, mujer/que no hay en la vida «ná»/peor que ser ciego en «Graná».* La fama de que goza Granada proviene sin duda de la magnificencia de los palacios nazaríes de la Alhambra, milagro de equilibrio, gracia, levedad y belleza. El emplazamiento excepcional en que fue construida, sobre verdes colinas —en el centro de una fértil vega— con las cumbres blancas de Sierra Nevada como telón de fondo..., la riqueza de su historia, sus monumentos y su tradición intelectual, han hecho de esta ciudad uno de los patrimonios culturales de la humanidad, tal y como ha reconocido la UNESCO.

El esplendor de Granada coincide en la historia con la decadencia de Córdoba. En 1236, tras la toma de la ciudad por los cristianos, gran parte de la población cordobesa se refugió en Granada, donde Mohamed Ibn Ahmar, vasallo de Fernando III el Santo, fundó la dinastía nazarí. De 1238 a 1492, la ciudad conoció una época de prosperidad sin precedentes, tanto en el plano económico como en el artístico. Las disensiones internas facilitaron más tarde la tarea a los Reyes Católicos, quienes —el 2 de enero de 1492— obligaron al Rey Boabdil a hacerles entrega de las llaves de la ciudad, después de un sitio de seis meses. Pero la decadencia de Granada comenzaría realmente en el 1609, con la expulsión de los moriscos.

Qué decir de la Alhambra (Calat al-Hambra, el Palacio Rojo). Para empezar, que hace falta conocerla como es debido: subiendo a pie desde la Plaza Nueva por la Cuesta Gomérez, donde artesanos y lutieres han montado sus propias tiendas. Por desgracia, las taquillas parecen pensadas para los visitantes que llegan en coche por la autovía nueva (fíjese bien en el horario de visitas, pues a veces dependen de la afluencia de visitantes). A la espera de que se construya el tranvía (en proyecto), le conviene más coger el *Alhambra bus* —sale del centro— que desplazarse en coche. Antes de entrar en el palacio, visite los Jardines del **Generalife****, residencia de verano de los emires. Por un lado, podrá disfrutar de una bella vista de conjunto del palacio y, por otro, penetrará en el indescriptible encanto de su

Desde la Alhambra, el Albaicín y sus tesoros ocultos.

arquitectura, algo decadente —en esta parte los pabellones son bastante sencillos—, pero decorada con jardines maravillosos, cuyo sistema de conducción y distribución de agua (proveniente de Sierra Nevada) está pensado de manera tal que su débil murmullo no impida escuchar el trino de los pájaros. Cuando llegue a la **Alhambra★★★**, comience la visita por la sala de presentación, donde se iniciará en los distintos tipos de decoración y técnicas utilizadas en el **Palacio Nazarí★★★** del s. XIV. La gracia y la ligereza de las columnas tiene su razón de ser, pues sólo han sido creadas para decorar. Son parte de esa invitación al ensueño y a la belleza que supone el palacio. Déjese seducir por sus sutiles juegos de luz y volúmenes, sus incomparables vistas del Albaicín y del Sacromonte, distintas en cada ángulo; sus innumerables salas con bellos patios, como la del **Trono** o de los **Embajadores** —sin duda la más suntuosa—, la de las **Dos Hermanas** y la de los **Abencerrajes** —lugar donde fueron masacrados. O la maravillosa decoración de arabescos con motivos vegetales o caligráficos, que lo convierten en un auténtico libro de piedra, y los suntuosos patios de los **Mirtos** y el de los Leones (llamado así por los leones que decoran su fuente), cuyo origen se desconoce, así como las magníficas salas que lo rodean. Las curiosas pinturas italianas que representan escenas de caza y guerra en el techo de la **Sala de los Reyes** son una prueba evidente del intercambio entre la cultura cristiana y la árabe. No deje de ver, además, los espléndidos baños reales. Salga del palacio por los **Jardines del Partal★★**, donde se yerguen algunas torres y los vestigios de la mezquita junto al **Palacio de Carlos V★**, construido por Pedro Machuca, discípulo de Miguel Ángel.

Este palacio es indudablemente una obra maestra del Renacimiento, sencillo —un círculo inscrito en un cuadrado— y de aspecto florentino, aunque puede resultar un poco tosco después de haber visitado el palacio de Boabdil. Alberga actualmente el Museo Hispano-musulmán, cuyo principal tesoro es el **jarrón azul**★ (de 1,32 m de altura), que decoraba la Sala de las Dos Hermanas de la Alhambra, y el Museo de Bellas Artes, donde se exponen pinturas y esculturas de temas religiosos. La **Alcazaba**★, más antigua (s. XIII), es una obra típica de la arquitectura militar, pero desde ella se puede disfrutar de maravillosas vistas★★ de la ciudad.

En determinadas noches de verano, algunas salas y patios de la Alhambra se iluminan para la visita

Quietud granadina: el Patio de los Mirtos.

nocturna. Al otro lado del Darro, sobre una colina, se extiende el Albaicín★★, el barrio moro de la ciudad —aún conserva la fisonomía de entonces—, que se convirtió en el barrio noble a partir de 1492. Subiendo por la Carrera del Darro desde la Plaza Nueva, se pasa por El Bañuelo★ —los baños árabes— y más adelante, se encuentra el Museo Arqueológico, instalado en la Casa Castril, de bella fachada★ plateresca). Puede entrar en el barrio y subir las colinas a lomos de un burro (hay una parada de burro-taxi al principio del paseo) o caminar por la Cuesta del Chapiz, bastante empinada.

Aquí encontrará bellas casas blancas con exuberantes jardines, los **cármenes**, además de

El «Palacio Rojo»: el tesoro más preciado de Granada.

conventos, iglesias y plazas populares. Desde el mirador de San Nicolás se disfruta de una magnífica **vista★★★** de la Alhambra, en su verde marco, con las blancas cumbres de Sierra Nevada como telón de fondo. En cualquier restaurante del barrio podrá degustar las especialidades de la cocina granadina, como las habas con jamón o la tortilla Sacromonte. Más arriba quedan desperdigadas las «cuevas» de los gitanos del Sacromonte, hoy en día prácticamente deshabitadas, donde el flamenco subsiste en su más pura versión «turística». Puede bajar al centro por la Calderería, la calle de los pasteles de miel, el té moruno, la ropa y el habla magrebíes (sobre todo marroquíes) donde se sentirá inmediatamente trasladado a la época de Boabdil.

En la parte de abajo se despliega la ciudad moderna, llena de vida y animación, atravesada por dos grandes arterias (la Gran Vía de Colón y la Calle Reyes Católicos) donde la primera impresión puede ser de desconcierto. Pero el barrio de la catedral vale la pena por su maravillosa **Capilla Real★★** *(ver p.31)*, en una **catedral★** impresionante, sobre todo por sus dimensiones. La comercial Calle del Zacatín le llevará hasta la **Alcaicería**; antiguo zoco del mercado de la seda, reconstruido en el s. XIX y convertido ahora en lugar de venta de souvenirs y objetos de artesanía. Cerca de aquí, el **Corral del Carbón**, un antiguo caravasar de estilo bastante sencillo, que ha sido restaurado y en la actualidad alberga la Oficina de Turismo y tiendas de artesanía. La Puerta Real tiene mucha vitalidad y conserva aún recuerdos de las tertulias de antaño (de poesía, flamenco, política...), como la de *El Rinconcillo*, donde Falla y Lorca se conocieron — una placa da fe de ello en el restaurante *Chikito*. Las plazas de Bibarrambla y de Mariana Pineda son ideales para descansar y tomar un refresco antes de reemprender la marcha. Granada posee,

Las Alpujarras, última morada de los moriscos.

además, innumerables iglesias. Si le gusta el barroco, podrá admirar los rutilantes dorados de la iglesia de **San Juan de Dios★**, y visitar la **Cartuja★**, cuya **sacristía★★** es absolutamente delirante, e incluso el Monasterio de **San Jerónimo★**. Granada es, por otro lado, importante ciudad universitaria. Los patios del Conservatorio de Música o los de la Facultad de Derecho (rodeada por un jardín botánico) incitan a retomar los estudios. Para disfrutar de la gastronomía granadina, diríjase al Campo del Príncipe —una ancha plaza a los pies de la Alhambra—, donde encontrará numerosos restaurantes, a las tabernas de la Calle Navas o a los bares de las callejuelas que flanquean la Plaza Nueva...

Alrededores —A 30 km de la capital, en Sierra Nevada *(ver p. 87)* – puede dar bellos paseos en verano. Las Alpujarras (con sus pintorescos pueblos blancos) y Lanjarón *(ver p. 84)* también merecen una visita. Puede visitar la casa-museo donde nació Lorca en Fuentevaqueros.

Sevilla★★★

Sevilla, la capital de Andalucía, <u>merece</u> una visita de varios días. Paseando por la ciudad descubrirá que el arte andaluz alcanza aquí sus máximo esplendor, en todas sus manifestaciones. Ante sus ojos desfilarán magníficos monumentos, como una sucesión de sorpresas. Sevilla es famosa por sus extraordinarias procesiones de Semana Santa, y por la excepcional Feria de Abril, pero quizá no sean éstas las mejores ocasiones para visitar la ciudad. Si puede, evite el calor extremo del verano, descubra el centro paseando sin rumbo fijo... y ¡aproveche para vivir a la andaluza!

Sevilla fue tomada por los cristianos en el 1248. Al esplendor de su pasado árabe, hay que añadir las riquezas y el oro de las Américas, que la convirtieron en una próspera ciudad durante dos siglos. Existen numerosas muestras, en estilos muy diferentes, de aquella época de lujo y esplendor.

Por ejemplo, la Catedral★★★ y la Giralda★★★, antiguo minarete de 70 m de altura, desde donde disfrutará de unas maravillosas vistas★★ de la ciudad, con sus innumerables campanarios, alminares y torres. De aquella antigua mezquita se conserva —además de la Giralda— el apacible Patio de los Naranjos. La catedral es el edificio gótico más grande del mundo. Su aspecto exterior puede resultar algo tosco, pero una vez en el interior, se sorprenderá su gran altura (las cúpulas, de estilo gótico flamígero, alcanzan los 56 m de altura) y de los tesoros que alberga: el inmenso retablo★★★ hispano-flamenco de la Capilla Mayor, que representa escenas de la vida de Cristo; la Capilla Real★★, de estilo plateresco, reservada al culto y raramente incluida en la visita turística; y las obras de Murillo, Valdés Leal o Zurbarán.

A pocos metros de allí, se encuentra el Archivo de Indias, obra de Juan de Herrera, donde se

Tío Pepe, compañero inseparable del tapeo.

exponen —entre otras obras— los manuscritos de Colón, Magallanes o Hernán Cortés. Si mira al frente, descubrirá los **Reales Alcázares★★★** (tenga dinero suelto a mano, pues la entrada se saca en una máquina), una obra maestra del arte mudéjar, construida en 1362 por Pedro el Cruel. La mano de obra la pusieron los árabes de Granada y el nuevo edificio vino a sustituir al alcázar almohade que ocupaba el lugar, y del que han quedado algunos restos. La delicadeza de la decoración del **Patio de las Doncellas** y la espléndida **Sala de los Embajadores** con su hermoso **jardín★** son dignos de admiración. Al salir, se encontrará a las puertas del **Barrio de**

El pastiche surrealista de la Casa de Pilatos.

Santa Cruz★★, el barrio judío de la Edad Media: auténtico laberinto de calles blancas y encantadoras plazas, donde se descubren por doquier patios floridos e innumerables bares para hacer un alto en el camino. Pasear por sus calles es un disfrute continuo, de día o de noche. Aquí podrá admirar el **Hospital de los Venerables★**, bello ejemplo del barroco sevillano, que alberga actualmente una fundación cultural donde se celebran exposiciones; las pequeñas tiendas desperdigadas por las calles, donde los artesanos trabajan a la vista —encuadernadores, curtidores, zapateros; iglesias de fachadas coloridas como la **Casa de Pilatos★★**, versión apócrifa de la casa de Poncio Pilatos de Jerusalén —un espectacular pastiche de estilos mudéjar, renacentista y gótico flamígero—, los **azulejos★★** del patio justifican por sí mismos la visita.

No es mala idea dar un paseo en una de las calesas que esperan junto a la catedral (pregunte el precio oficial). El itinerario incluye el **Parque de María Luisa★★**, se agradece su verde frescor cuando arrecian las altas temperaturas, la portada barroca del Palacio de San Telmo, sede del gobierno andaluz; la Universidad, que ocupa actualmente la gigantesca Fábrica de Tabacos, tan popular para los amantes de *Carme;* los curiosos pabellones de la Exposición Iberoamericana de 1929, algunos de ellos convertidos en museos, y la famosa **Plaza de España★** —semicircular— formada por 58 bancos de azulejos que representan a cada una de las provincias españolas. Bordee el Guadalquivir hasta la Torre del Oro, bastión defensivo de la época almohade, y pase por la Plaza de Toros de La Maestranza, construida en 1760 con los colores típicos de la ciudad: blanco con borde albero. El **Hospital de la Caridad★** fue fundado por Miguel de Maraña para reparar su vida disoluta, y en su iglesia se puede admirar una colección un tanto macabra de obras de Valdés Leal.

Sevilla: la Torre del Oro vela las aguas del río.

Al otro lado del río se extiende el popular barrio de **Triana**, donde podrá adquirir magníficos azulejos, como los de la fabrica de la **Cartuja**, convertida en el s. XIX en fábrica de cerámica, y punto central de la Exposición Universal de 1992. La Expo supuso la creación de un nuevo barrio al que se mudaron numerosas empresas y organismos. Los pabellones que formaban el **Parque de los Descubrimientos** se han convertido ahora en parque de atracciones.

Siga paseando por el barrio de El Arenal, donde podrá degustar las deliciosas tapas en cualquiera de sus innumerables bares. En Sevilla, las tapas alcanzan la categoría de «arte». O vaya hasta la Plaza Nueva, donde se encuentra el Ayuntamiento, con bellas esculturas en uno de sus flancos. Los edificios muestran una impresionante mezcla de estilos pero —a pesar de ello— tienen un aspecto puramente «sevillano». Aquí se encontrará en la Sevilla comercial, donde las calles y plazas se cubren en verano con un toldo para proteger a los paseantes del ardiente sol. La Calle Sierpes marca el centro neurálgico

Vestidos de faralaes y... ¡que empiece la Feria!

La Giralda, guardiana engalanada de Sevilla.

de la capital; calle de tiendas de lujo o deliciosamente pasadas de moda que llega hasta una zona comercial donde se encuentran los grandes almacenes de la ciudad.

El Museo de Bellas Artes★★ (instalado en un antiguo convento) alberga una magnífica colección de pintura española, con excelentes obras de **Murillo**★★★ y **Zurbarán**★★.

Déjese llevar por el azar. Aparecerá tal vez en la Basílica de la Macarena (una de las Vírgenes más populares de la ciudad), o cruzará un barrio popular, con iglesias de campanarios de ladrillo que en el pasado fueron minaretes árabes, y llegará hasta el Convento de **Santa Paula**★, fundado en el s. XV. Puede que, en su deambular sin rumbo fijo, le sorprenda la enorme **Plaza del Salvador**, atestada de gente que bebe de pie y charla sin cesar ante los minúsculos bares que la rodean.

Así empieza una noche de **tapeo**, actividad que se debe realizar con todo el respeto que merece; la mejor manera de hacerlo es seguir a la gente. ¿Qué hace que unos bares estén vacíos, mientras que otros presentan un lleno hasta la bandera? Debe ser cosa del boca a boca, o quizá la causa se encuentre en los dictados de la **movida**. Para acompañar el **fino**, elija entre las **tapas** que

Entrada a la Judería, en el barrio de Santa Cruz.

aparecen escritas en la pizarra: son la especialidad de la casa. De local en local, podrá hacer una cena completa, variada y económica, sin ni siquiera darse cuenta. Pero no es sólo tapeo de lo que se nutre la animada vida sevillana. La capital andaluza tiene una amplia oferta cultural, capaz de satisfacer todos los gustos, por exigentes que sean: los amantes de la música disfrutarán del mejor flamenco *(ver págs. 76-77)* y de la música clásica (Teatro de la Mæstranza, sede de al

Encrucijada entre el Viejo y el Nuevo Mundo: la Plaza de España, vestigio de la Exposición Iberoamericana de 1929.

Orquestra Sinfonica de Sevilla), ademas, el Teatro Central ofrece magníficos espectáculos para los amantes de la musica contemporánea, el jazz y la danza; podrá presenciar los montajes teatrales de vanguardia y las obras de siempre en el Teatro Municipal de la Alamenda y el en Teatro Central, y cuando se trata del «toreo» *(ver págs.25 v 97)* Sevilla es uno de sus templos. Y remerde que pubs y discotecas aseguran la diversión hasta el amanecer; remate la faena con café, tostada y manteca.

Flamenco y cante jondo

El flamenco es un género musical puramente andaluz. Su origen, sin embargo, es controvertido. Hay quien dice que proviene de los cantos de los primeros cristianos de Andalucía, pero su coloratura musical denota influencias judeo-arábigas. Los gitanos, llegados de la India hacia el 1450, lograron la síntesis de estas fuentes.

Este arte se ha mantenido vivo durante siglos gracias a la tradición oral; su pervivencia no ha dependido de las nociones de música o canto. El cante flamenco se clasifica en familias según la procedencia *(malagueñas, sevillanas)*, el sentimiento expresado *(soleá, alegría)* o el oficio (el *martinete* es el cante del

Las influencias orientales saltan a la vista...

herrero, acompañado por el único sonido del martillo sobre el yunque). Se clasifica también como **cante jondo** y **cante chico**, según unos criterios misteriosos que pertenecen al género o a la manera de interpretar. El cante jondo es depurado y trágico, y surge de dentro, pero el mismo texto se puede cantar como jondo o como chico: Es cuestión de inspiración. El flamenco es a menudo representado por un cantaor —sentado— y un guitarrista, o a través del baile, que a su vez puede ser jondo o chico.

Hoy en día, el cante se renueva con influencias nuevas (jazz, rock), sin perder la esencia de sus raíces, y sigue vivo gracias a los numerosos festivales y al interés recuperado por parte de la juventud. Puede presenciarlo en las ferias, donde las mujeres (vestidas de faralaes) se ponen a bailar espontáneamente al mínimo acorde de guitarra, mientras que la gente —en círculo alrededor de las bailaoras— las jalea con palmas y olés. El flamenco es, incluso en sus formas más comerciales, un espectáculo de color; no debe perderse a grandes coreógrafos formados en la escuela clásica, como Antonio Canales o Joaquín Cortés, quienes ofrecen una danza que recorre los escenarios más

Flamenco: viene del Sur.

importantes del mundo, y cantaores como Antonio Chacón (1865-1929), Manolo Caracol (1910-1972), Camarón de la Isla, El Cabrero, José Menese, los Mairena, y los guitarristas Ramón Montoya (muerto en los años 50), Paco de Lucía, Juan Habichuela y el joven Vicente Amigo. Encontrará discos de todos ellos, vivos o muertos; los más jóvenes reivindican la influencia de los grandes maestros del pasado.

CIUDADES Y PUEBLOS

Algeciras – *Cerca de Gibraltar.*
Puerto industrial (refinerías) y de pasajeros, enlace diario con Marruecos.

Alhama de Granada – *Al Oeste de Granada.*
Pueblo agrícola, escenario de una batalla decisiva entre moros y cristianos en 1482.

Almería
La Al-meriya (Espejo del mar) árabe es, hoy en día, una capital de provincia con mucha vida, cuya actividad principal está ligada a la agricultura (en invernaderos). La ciudad blanca está dominada por la **alcazaba**★ (s. VIII-X), impresionante por sus **jardines**★.

La **catedral-fortaleza**★ merece una visita. La provincia, a menudo desértica, ofrece algo de interés: citaremos aquí el **Cabo de Gata**★ (parque natural submarino y paraíso de submarinistas), el bonito pueblo árabe de **Níjar** y, cerca de Tabernas —en un paraje desolado, rojo y tabular que recuerda al Colorado de las películas—, los decorados de **Mini Hollywood**, estudios que se utilizan para rodar numerosas películas de «espagueti-western».

Almodóvar del Río★ – *Al Oeste de Córdoba.*
En la Cuenca del Guadalquivir, pequeño pueblo morisco dominado

por las impresionantes ruinas de su castillo★, erigido en el s. XIV.

Almonaster la Real –*Al Oeste de Aracena.*
Pueblo de montaña donde podrá descubrir una encantadora y minúscula mezquita. ¡Nada que ver con la de Córdoba!

Alora – *Al noroeste de Málaga.*
Pueblo blanco, notable por su castillo.

Andújar – *Al Este de Córdoba.*
Uno de los grandes centros productores de aceite de oliva. En el centro descubrirá numerosas iglesias y palacetes del Siglo de Oro. La iglesia de Santa María posee una bella **reja**★ de hierro forjado, en una capilla que alberga un cuadro de El Greco. Situado a 32 km, el acceso al Santuario de la Virgen de la Cabeza se realiza por una sinuosa carretera con magníficas **vistas**★★. Lugar de peregrinaje muy frecuentado.

Antequera★ – *Al Norte de Málaga.*
Indispensable una vuelta por esta pequeña y maravillosa ciudad. La ciudad alta, con sus callejuelas blancas adoquinadas con *chinos* (pequeñas piedras dispuestas como mosaicos), y sus ventanas protegidas por rejas de hierro forjado, es un perfecto ejemplo de la esencia de Andalucía. Suba hasta el **Arco de lo**

Los campanarios de Antequera a través del Arco de los Gigantes.

Casares:
la esencia
de Andalucía.

Gigantes (s. XVI) y podrá visitar la iglesia de Santa María, una de las primeras obras del Renacimiento español. Más arriba, encontrará las ruinas de un castillo construido en 1410. Desde allí se puede disfrutar de una espléndida **vista**★ de la ciudad, sus campanarios y la planicie que la rodea. En los alrededores, los **dólmenes**★ de Antequera son impresionantes y las magníficas formaciones calcáreas de **El Torcal** (a 16 km) son el lugar ideal para los amantes del senderismo.

Baena – *Al Sureste de Córdoba.*
Los cordobeses dicen que el mejor aceite de oliva del mundo es el de Baena. La ciudad debe su fama a las celebraciones de Semana Santa, en particular sus 48 horas ininterrumpidas de golpes de tambor.

Benadalid – *Al Sur de Ronda.*
Uno de los grandes pueblos blancos de la Serranía de Ronda.

Calahorra (La) – *Al Suroeste de Guadix.*
El castillo renacentista se alza como una gigantesca silueta en lo alto de un promontorio. Vale la pena entrar,

pues le asombrarán la delicadeza y el refinamiento de su patio interior, inimaginables desde el exterior.

Cazorla, pueblo de montaña con calles empinadas.

Carmona★ – *Al Este de Sevilla.* Esta ciudad romana, encaramada sobre una roca, domina la planicie del Guadalquivir. Carmona es una esas ciudades donde podrá pasar una noche inolvidable. El Parador, instalado en el Palacio de Pedro el Cruel, está actualmente cerrado por obras, pero hay otros hoteles románticos. *La Casa de Carmona*, por

Grazalema, en plena naturaleza.

ejemplo, posee un encanto increíble.

A la caída de la tarde, recorra sus calles blancas; fíjese en sus ventanas, desde donde le pueden llegar las notas de un piano; pasee por sus plazas silenciosas... La ciudad está rodeada de murallas romanas y posee numerosas iglesias y conventos dignos de interés (algunos famosos por su repostería). En la parte baja de la ciudad se puede admirar la extensa necrópolis romana.

Casares – *Al Norte de Estepona.*
Pueblo blanco, situado sobre un **saliente rocoso**★, a tan sólo 12 km de la Costa del Sol. Casas de paredes encaladas, callejuelas floridas en cuesta, pequeñas plazas... ¡no falta nada!

Castellar de la Frontera – *Al Norte de Algeciras.*
El casco histórico de este pueblo, encerrado por las murallas de su castillo-fortaleza, es un bello ejemplo del urbanismo de la época nazarí.

Cazorla – *Al Este de Ubeda.*
Pueblo de montaña con calles empinadas. Cazorla es el centro del Parque **Natural de la Sierra de Cazorla★★**, donde nace el Guadalquivir, y una gran reserva de caza. Hay gente que llega desde muy lejos para escuchar (en temporada) el bramido de los ciervos.

Écija – *Al Oeste de Córdoba.*
Se la llama «la sartén de Andalucía». Una visita en agosto, a la hora de la siesta, no es lo más recomendable. A pesar de ello, la ciudad merece una visita por sus torres, los antiguos campanarios de las iglesias (como la **Torre de San Juan★**), las fachadas barrocas de sus casas, los patios y la **iglesia de Santiago★**, que alberga un retablo gótico.

Galaroza – *Al Oeste de Aracena.*
Pueblecito minúsculo de la sierra de Aracena, punto de partida de senderistas.

Gaucín – *Al Sur de Ronda.*
Los oficiales británicos que guarnecen Gibraltar solían acudir a este pueblo para pasar los fines de semana. La ópera *Carmen* narra las desgracias de uno de ellos. Es un centro de senderismo muy apreciado.

Grazalema★ – *Al Oeste de Ronda.*
Su situación le convierte sin duda en uno de los pueblos blancos más bellos de la región. Artesanía de calidad de artículos de lana.

Guadix – *Al Este de Granada.*
La ciudad es conocida por sus **cuevas★**, de fachadas encaladas, horadadas en las colinas ocres. Sus chimeneas cónicas forman un paisaje muy curioso. Pero también posee muestras del Renacimiento, como la hermosa **Catedral★ (fachada barroca★)**, la Iglesia de Santiago, de fachada plateresca, y una Plaza Mayor de la época de Felipe II. A 6 km de Guadix se encuentra **Purullena**, pueblo de cuevas famoso por su alfarería.

Itálica
A escasos kilómetros de Sevilla, en el territorio de **Santiponce**, se encuentran estas ruinas de una antigua ciudad romana. Aquí descubrirá algunos mosaicos y los vestigios importantes del anfiteatro, uno de los más grandes del mundo romano.

Jabugo – *Al Oeste de Aracena.*
Pueblo de la sierra de Aracena. Patria del famoso jamón serrano, considerado el mejor del mundo.

Jaén
En un inconmensurable mar de olivos (**vista★** desde la Alameda de Calvo Sotelo), la ciudad posee un Museo Arqueológico★ y baños árabes, los más importantes de los conservados en España.

Jimena de la Frontera – *Al Suroeste de Ronda.*

Ciudad dominada por su castillo, fundado por los romanos y reconstruido en el s. XIII. En pleno corazón del Parque Natural de los Alcornocales, último vestigio de bosque preibérico.

Lanjarón – *Al Sur de Granada.*

Pueblo de aguas, famosa por su agua mineral. Artesanía de mimbre al pie de la carretera hacia las Alpujarras.

Málaga

La ciudad natal de Picasso es extraordinaria, a pesar de que su fisonomía se ha visto modificada por los rascacielos. Más que una ciudad para visitar, es una ciudad donde se puede vivir bien. La bahía se puede contemplar desde el Castillo de **Gibralfaro★** (Alcazaba), donde se encuentran el Parador y las murallas árabes. En las callejuelas alrededor de la Catedral, llamada la «manca», porque le falta una torre, encontrará numerosos restaurantes donde degustar el «pescaíto frito» (también se puede comer en cualquier chiringuito de El Palo). El Paseo del Parque posee una exuberante vegetación de palmeras, yucas, ficus... una auténtica selva que le refrescará la vista.

Marchena – *Al Este de Sevilla.*

Situada en la campiña sevillana, es una población eminentemente agrícola y ganadera, aunque también destaca su artesanía del nimbre. El patrimonio histórico se remonta a la prehistoria (vacimiento de Montemolín, Edad de Bronce). Destacaremos la iglesia de San Juan Bautista (siglo XV), de estilo gótico-mudéjar.

Matalascañas – *Al Este de Huelva.*
El único lugar turístico creado al borde del Parque de Doñana. La inmensa playa —entre pinos y dunas— se prolonga hasta Mazagón (a más de 20 km). Punto de salida ideal para las excursiones por el parque, a caballo o en «todo terreno».

La verde exuberancia del paseo del Parque de Málaga.

Mojácar* – *Noroeste de Almería.*
Pueblo blanco perteneciente a la provincia de Almería, en la costa

mediterránea. Se encuentra en un espléndido **paraje rocoso★**; la ciudad ha preservado su fisonomía árabe. Paraíso de los naturistas, es en la actualidad uno de los lugares que más visitantes atrae.

Mojácar, joya del legado árabe.

Osuna★ – *Este de Sevilla.*
Los célebres duques de esta ciudad han contado entre los nobles más poderosos de España. La ciudad posee un bonito centro monumental, con vistosas residencias y palacios. La Colegiata alberga obras del Españoleto, y una cripta: el **Sepulcro Ducal★**. En las calles del centro abundan las nobles fachadas barrocas, sobre todo en la Calle de

Sierra Nevada, sol y nieve.

San Pedro, donde podrá encontrar numerosos palacetes e iglesias, así como la antigua Universidad.

Punta Umbría – *Al Sur de Huelva.*
Lugar turístico de la Costa de la Luz, famoso por su magnífica playa de 20 km de largo.

Ronda la Vieja – *Al Norte de Ronda.*
Antigua ciudad romana, a 1.000 m de altura. No quedan más que algunas ruinas, como el teatro. Vista magnífica sobre la Sierra de Ronda.

San Pedro de Alcántara
Se encuentra en el punto de la costa donde empieza la carretera de Ronda. Agradable pueblo residencial; menos poblado que los colindantes.

Sierra Nevada
Gran estación de esquí de Andalucía. Pistas de senderismo en verano. Importantes plazas hoteleras, remontes mecánicos y numerosas actividades deportivas. El nombre ha desplazado al antiguo **Solynieve**. A media hora escasa de la Alhambra.

Tarifa – *Al Suroeste de Algeciras.*
Lugar ideal para los amantes del windsurf y punto de salida de los «ferrys» para Tánger. La costa africana se alcanza en una hora desde la Punta de Europa.

Torremolinos
Símbolo de la Costa del Sol. Antes

La tranquilidad de Torremolinos.

zona de molinos de viento, hoy en día ciudad superpoblada. Sólo quedan algunos vestigios del pueblo antiguo.

Ubrique – Al Oeste de Ronda.
Gran pueblo de montaña en la ruta de los pueblos blancos. Artesanía de cuero de calidad.

Véjer de la Frontera – *Al Sur de Cádiz.*
Uno de los más bellos pueblos andaluces, dominado por su alcazaba árabe. Hermosa **vista*** del Valle de Barbate.

Zahara de los Atunes – *Al Sureste de Cádiz.*
Pueblo de pescadores de atún, con una bella playa de arena.

Zuheros – *Al Suroeste de Córdoba.*
Difícil describir este encantador pueblecito a orillas de un precipicio.

Estará acostumbrado a tener que subir para visitar un castillo, pues bien, aquí es lo contrario: se baja. Centro de la Sierra Subbética, el pueblo ofrece alojamiento rural muy agradable.

Las «cumbres nevadas» de Véjer.

Vivir Andalucía quiere decir adaptarse a una particular noción del tiempo, en la que la puntualidad se cumple a rajatabla en las corridas de toros, las procesiones y los horarios del AVE, pero donde no se puede decir lo mismo de otras citas. Los andaluces son parecidos a los artistas que veneran: guiados por la inspiración del momento. Tendrá que adaptarse —además— a días que terminan bien entrada la noche, interrumpidos por una larga siesta; y a sus horarios de comidas. Compartirá sus mágicas fiestas, celebradas con un arte que sólo los andaluces conocen. Las fiestas son un asunto muy serio, ya se trate de las fiestas más famosas o de las reservadas a los iniciados. Pero el espectáculo se encuentra en la calle: en el esmero que ponen en decorar las ciudades; en la bulliciosa animación que rodea a los innumerables vendedores de lotería que anuncian las tiras del día —«¡Quince iguales para hoy!»— de la ONCE (la Organización Nacional de Ciegos de España, que detenta el monopolio de la lotería de discapacitados y es una de las empresas más prósperas del país); en la despreocupación de la gente sentada en las terrazas de los bares, mientras que un limpiabotas se afana en lustrarles los zapatos (¡los que trabajan en las zonas turísticas son capaces de limpiarle hasta las alpargatas!) y en el «clic» incesante de los abanicos, manejados con gran virtuosismo. Le sorprenderá la convivencia entre la modernidad y la vida tradicional — los bares de tapas han frenado el auge de la comida basura; vanguardistas tiendas de moda alternan con viejos talleres de oficios, desaparecidos en otros lugares. No le será difícil integrarse: a nada que vaya tres días seguidos al mismo bar, ¡le tratarán como si fuera de la casa!

CLIMA

El verano es muy caluroso en Andalucía, sobre

todo en la cuenca del Guadalquivir. Visitar Córdoba o Sevilla en el mes de agosto puede resultar especialmente duro. Es, sin duda, el mejor momento para disfrutar de las playas, pero éstas pueden frecuentarse todo el año, pues los inviernos son muy suaves en la costa. En la costa de Cádiz los vientos soplan de forma violenta la mayor parte del año. El invierno en general no es muy frío —salvo en zonas de determinada altitud, como Sierra Nevada, cuyas cumbres permanecen nevadas de noviembre a junio—, pero puede ser muy lluvioso. La mejor época para visitar Andalucía es la primavera o el otoño, cuando la afluencia de visitantes es menor.

FIESTAS POPULARES

Las fiestas, ya sean de carácter profano o religioso, son innumerables. Cada pueblo celebra sus propias fiestas en honor de su patrón o en conmemoración de un hecho histórico. Aquí le

De caseta en caseta...

proponemos una pequeña selección de las fiestas más importantes o pintorescas. Una sencilla fiesta de un pueblo puede convertirse en un recuerdo inolvidable. La prensa local y las oficinas de turismo le informarán sobre las fiestas que se celebren en el momento. Las hay casi todos los días.

Enero

6 - Cabalgata de los Reyes Magos. La llegada de los Reyes —cargados de regalos para los niños— se celebra con cabalgatas o desfiles, procesiones y animación de calle.

16 - Fiesta de San Antón, el patrón de los animales. En Jaén se encienden hogueras y en Béznar (Sierra Nevada) se prepara la **Olla de San Antón**, un guiso a base de habas y carne de cerdo.

Febrero

Carnaval. Los carnavales de Cádiz son famosos por las canciones satíricas de sus comparsas, que no dejan títere con cabeza.

Marzo - abril

Semana Santa. En Sevilla, la Semana Santa es desmesurada, pero cada pueblo de Andalucía la celebra con procesiones: Granada, Arcos, Jaén, Córdoba, etc. En Málaga, cada año se indulta a un preso que toma parte en la procesión...

La semana siguiente a la de Pascua: **Feria de Abril** en Sevilla, la más importante de Andalucía, con corridas donde se decide la gloria o la desgracia del torero, casetas, flamenco, fuegos artificiales, baile y copas.

El último domingo, cerca de Andújar, se celebra la espectacular romería al Santuario de la **Virgen de la Cabeza**.

Mayo

3 - Fiesta de las Cruces. Se celebra en toda

Jerez celebra en primavera la Feria del Caballo.

Andalucía. Las calles se adornan con cruces floridas y todos los visitantes participan en la fiesta.

Es el turno de Jerez, con la **Feria del Caballo**.

También es el mes de Córdoba, con la **Fiesta de los Patios**, seguida de la **Feria**.

Hacia finales de mes, por Pentecostés, se celebra la **Romería del Rocío** *(ver p. 48)*.

Junio

El **Corpus** coincide con la feria de Granada. En Sevilla, se celebra la danza de los «seises» (jóvenes con atuendos medievales) delante de la catedral y el desfile de gigantes y cabezudos. El Corpus se celebra además en Córdoba y Zahara de la Sierra.

Romería gitana en Cabra. Misa flamenca y cante jondo.

Julio
25 - **Santiago**, Patrón de España.

Agosto
5 - **Romería de Trévelez**.
Ascensión al Mulhacén para
honrar a la Virgen de las
Nieves.

Hacia el 15: **Feria** de Málaga
y **Fiesta de la Virgen del Mar** en
Almería.

A finales de mes: Fiesta del
Guadalquivir en Sanlúcar, con
carreras de caballos en la playa.

Septiembre
6 - En Baza, el **Cascamorras**
—enviado por Guadix para
recuperar a la Virgen— huye
despavorido ante el ataque de
los jóvenes del pueblo.
8 - En Montilla, **Fiesta de la Vendimia**. El primer
vaso de la vendimia, prensado con los pies, se le
ofrece a la Virgen de las Viñas. En Galaroza, la
fiesta del... agua, ¡de lo único de lo que se trata es de
salir empapado!

Fiesta del Moscatel en Chipiona, y de la
Vendimia en Palma del Condado y Jerez.

*Andalucía es tierra
de toreristas.*

Octubre
12 - **Fiesta de la Hispanidad**. Fiesta nacional que
conmemora el Descubrimiento de América.
24 - **San Rafael**, Patrón de Córdoba.

Feria de San Lucas en Jaén, que marca el final
de la temporada taurina.

Noviembre
1 - «**Tostona**» en Istán. El pueblo entero sale
para asar y comer castañas. (En Istán hay un
castaño «santo» que tiene 700 años, ¡y para

rodear el tronco hacen falta por lo menos 28 personas!)

Diciembre

28 - Santos Inocentes. En Vélez-Rubio el «alcalde por un día» nombra a sus «policías», que se dedican a poner multas a troche y moche con cualquier excusa. Los que se resisten a la «ley», son llevados a prisión (donde se les recibe con tapas y sangría). Con el dinero recogido se costea la Cabalgata de Reyes.

COMPRAS Y ARTESANÍA

La artesanía popular andaluza permanece como un arte vivo y presenta tal variedad que le costará elegir. En Córdoba encontrará piezas de cuero repujado y joyas de damasquinados en plata; en

Artesanía, un arte vivo.

Granada, la cerámica de Fajalauza, con motivos
en azul y verde, y objetos —marquetería, joyas—
elaborados con técnicas heredadas de los árabes.
En Sevilla encontrará abanicos, mantones y
castañuelas, y en el barrio de Triana, cerámica y
azulejos. Los pueblos de montaña ofrecen a su vez
su artesanía: telas en Arcos, cuero en Ubrique,
ponchos en Grazalema, cerámica y artículos de
talabartería en Ronda, mimbre en Lanjarón, telas
en Purullena y bordados en Aracena.

Podrá comprar un jamón en Trévelez, vino de
Jerez en Sanlúcar, aceite de oliva en Baena o
Andújar y pasteles en los monasterios y conventos.

En el sevillano barrio de Santa Cruz existen
anticuarios de calidad y casas de moda.

Para las compras habituales, las calles
comerciales tienen grandes almacenes como El
Corte Inglés, donde encontrará de todo, desde un
vestido de faralaes hasta una maquinilla de afeitar
desechable.

*Puerto Banús: su
yate no se merece
menos.*

ESPECTÁCULOS Y VIDA NOCTURNA

Las citas más importantes de la feria taurina son la **Feria de Abril** de Sevilla y la **corrida goyesca** de Ronda, en septiembre. Las ferias de Jerez, Córdoba, Granada, Málaga y Almería y las corridas del Puerto de Santa María, Sanlúcar de Barrameda, Antequera o Écija también son importantes acontecimientos. Los madrileños y los aficionados del Norte de España se sorprenderán de la poca importancia que se da aquí a la presentación del toro. ¡Andalucía es tierra de *toreristas*! Las plazas de las localidades turísticas organizan un sucedáneo de corrida, pensado para gente poco entendida. Si usted desconoce los usos y costumbres taurinos le recordamos que las corridas **siempre** empiezan a la hora anunciada, y que el precio de las entradas depende de la distancia a la que estén del ruedo y de la posición respecto al sol: **sol, sol y sombra, o sombra**. Asistir a una corrida en el tendido de sol puede ser bastante sufrido, aunque la corrida empiece a las 19 h en verano.

Es difícil aconsejar un buen local de **flamenco**. Hace falta que la inspiración se presente a la cita, y eso no es algo que se pide como si de una ración se tratase. Las cuevas del Sacromonte de Granada y los **tablaos** de la Costa del Sol son —más que nada— espectáculos para turistas. Los de Sevilla o Jerez son más serios. Aproveche los numerosos festivales que se celebran en Sevilla, Córdoba, Jerez o Granada y donde actúan los más grandes ante un público entendido. La auténtica suerte es encontrarse en un bar, y que empiece a cantar un paisano invadido por el duende; será un momento inolvidable.

Los amantes de los cabarés, los bares de copas o las discotecas tienen mucho donde elegir en la Costa del Sol, donde además se celebran multitudinarios conciertos de rock en verano.

Si las noches de fiesta se prolongan hasta altas horas de la madrugada —de nada le servirá intentar dormir— es porque la vida en Andalucía es nocturna por excelencia, se dice que «la noche es joven». A la caída de la tarde se inicia el paseo, acompañado de un recorrido de las tabernas: es el **tapeo**, todo un arte que nos permite descubrir la gastronomía andaluza, ya sea en forma de **tapas** —servidas en un platillo— o de **raciones**, más grandes. Los bares granadinos son los más generosos; sirven una tapa con cada bebida que se pida. ¡No olvide probar las especialidades de la casa!

LA COCINA ANDALUZA

En general, la cocina andaluza es poco conocida, salvo algunas especialidades que han traspasado Sierra Morena. Es reflejo de la geografía (marítima y montañosa), de su historia (huellas de la influencia judeo-árabe) y del paisaje: el aceite de oliva, de excelente calidad, es la base de esta cocina.

Las sopas frías se conocen gracias al **gazpacho**, del que existen infinitas versiones, como el **salmorejo** o el sutil **ajo blanco**. Las sopas de verduras o carne, a pesar de ser calientes, ayudan a soportar el calor.

El pescado se presenta en múltiples modalidades. Las frituras son deliciosas —gracias a la harina especial o a la buena mano del cocinero— y el **pescaíto frito** es muy apreciado en toda la costa. Encontrará además excelentes atunes, anchoas o sardinas (fritos o a la plancha) y un marisco de calidad. El arroz local, **arroz a la marinera**, se sirve con abundante líquido.

Si le gustan los huevos, podrá degustar unos deliciosos **huevos a la flamenca** y la **tortilla Sacromonte**, de jamón, sesos y riñones de cerdo.

Del cerdo cabe destacar el jamón serrano, presente en cualquier comida. El de «pata negra» proviene del cerdo ibérico, criado casi en

Andalucía tiene un sabor especial: el gazpacho.

total libertad en las montañas; los de Trévelez y Jabugo son los más apreciados por los expertos. El jamón es ingrediente fundamental en numerosos platos, como las habas con jamón de Granada o el churrasco de Córdoba. En cuanto a las carnes, aparte de la caza de los pueblos de montaña, citaremos el **rabo de toro** y los **riñones al Jerez**.

Las pastas andaluzas se elaboran a menudo en los monasterios y conventos, y son muy dulces. El postre más común es el **tocino de cielo**, originario de Jerez, pues la clara del huevo se utilizaba para clarear el vino y las yemas se aprovechaban para elaborar este postre. ¡La fruta siempre es excelente !

EL VINO ANDALUZ

El vino andaluz se conoce desde tiempos inmemoriales. Se elabora en tres grandes zonas

de producción: Jerez de la Frontera —con la variante de Sanlúcar—, Málaga y Montilla-Moriles —hacia Córdoba—, según los principios de la **solera**. Los barriles se colocan unos encima de otros y el vino se traspasa de arriba a abajo hasta que esté listo para ser embotellado. Así se obtiene una calidad constante. Los **finos** de Jerez y Montilla, así como la manzanilla, se toman con las tapas, pescados y mariscos.

La Costa del Sol ofrece numerosos campos donde practicar el «swing».

El **Málaga** es un vino dulce para tomar con los postres. Si quiere tomar vino tinto o rosado, lo más probable es que en los restaurantes le ofrezcan **Rioja**, el mejor vino tinto de España (en particular, el Marqués de Cáceres).

En Andalucía, además, se consume mucha cerveza con las tapas, y se producen brandys (Jerez), aguardientes (a menudo anisados), y ron, en Motril. La caña de azúcar no fue un producto traído de las Antillas a España, sino que ocurrió a la inversa.

DEPORTE Y NATURALEZA

Los amantes del **golf** podrán practicarlo en los cincuenta campos de primera calidad de que dispone Andalucía. La mayoría se encuentran en la Costa del Sol, entre Cádiz y Málaga. El de Sotogrande alberga campeonatos internacionales. Además, puede practicar el **polo** y jugar al **tenis** en la mayor parte de las ciudades de la costa y los hoteles.

Los **deportes náuticos** se pueden practicar en los puertos deportivos y los establecimientos de la costa ofrecen escuelas de windsurf y de vela,

Tarifa, donde el viento no sopla a gusto de todos.

además de alquiler de embarcaciones. Para practicar el surf, la zona de Tarifa es la más indicada —famosa por sus potentes vientos—, pero sólo para expertos.

Los **deportes de invierno** se practican —desde finales de noviembre hasta abril— en la estación de esquí de Sierra Nevada, donde se celebraron los campeonatos del mundo: 45 pistas, dos de ellas nocturnas, recorren un total de 61 km; circuitos de esquí de fondo; un par de decenas de remontes mecánicos de todo tipo y cañones de nieve artificial (para los tiempos de escasez) a tan sólo 30 km de Granada. En verano, se pueden realizar excursiones, practicar bicicleta de montaña y parapente, o disfrutar de paseos botánicos.

La **equitación** está muy extendida en Andalucía, tierra de caballos y grandes jinetes. Podrá asistir a espectáculos de doma y monta (en Jerez), recibir clases y dar paseos a caballo por caminos poco trillados. Doñana, las montañas de Aracena y Ronda, las Alpujarras, la región de Jerez... son algunas de las zonas que podrá visitar de esta manera.

Para los **senderistas**, existen numerosos parques de montaña (ver p. 119) con itinerarios marcados que le permitirán ir de pueblo en pueblo, a través de impresionantes paisajes. Es una auténtica delicia caminar por la Sierra de Hornachuelos —con subida el Castillo de Almodóvar de los Ríos—, o por el Parque Natural de la Sierra Subbética (cerca de Córdoba), donde se puede practicar además la escalada. Los amantes de la naturaleza están de suerte, pues podrán admirar en sus paseos especies botánicas poco corrientes y sobre todo una fauna muy variada: todo tipo de rapaces (águilas, buitres, halcones) en los parques de montaña, aves acuáticas (flamencos, espátulas, garzas) en los parques acuáticos... y mamíferos como los cérvidos, jabalíes, cabras monteses, zorros, linces y lobos.

La escarpada sierra de Almijara, telón de fondo de Nerja.

FORMALIDADES DE ENTRADA EN ESPAÑA

Los ciudadanos latinoamericanos deberán presentar el pasaporte en regla.

Los viajeros que deseen llevar consigo **animales de compañía** deberán presentar un certificado veterinario expedido un máximo de 10 días antes de la llegada; en él debe constar que el animal lleva al día la vacunación antirrábica.

CÓMO LLEGAR
- En avión:

Las compañía aérea nacional, Iberia, ofrece varios vuelos directos desde Madrid o Barcelona a los aeropuertos internacionales de **Sevilla**-San Pablo y **Málaga**.

Desde Bilbao existe un único vuelo de la compañía Aviaco.

Aviaco dispone de vuelos desde Madrid y Barcelona a **Granada** y **Jerez de la Frontera**.

A **Almería** sólo se puede llegar desde Madrid.

Los vuelos provenientes de otras ciudades españolas y de **América latina** deben realizar la correspondencia con Sevilla o Málaga en el aeropuerto de **Madrid-Barajas**.

Iberia ofrece vuelos regulares entre Madrid y la mayoría de las capitales latinoamericanas, como Asunción, Bogotá, Buenos Aires y Rosario, Cancún y México DF, Caracas, Ciudad de Guatemala, La Habana, Lima, Managua, Montevideo, Panamá, Quito, San José de Costa Rica, San Juan de Puerto Rico, San Pedro Sula, Santiago de Chile y Santo Domingo. En las agencias de viajes encontrará paquetes turísticos que incluyen el billete de avión, noches de hotel y alquiler de un coche o circuitos en autocar, ya sea programados o «a la carta».

Las flores, omnipresentes en los pueblos andaluces.

Información y reservas en España:
Iberia; Velázquez 130, 28006 **Madrid**, ✆ 914 11 10 11 (reservas nacionales), 913 29 43 53 (reservas internacionales); en **Barcelona**: Passeig de Gràcia 30, ✆ 934 12 70 20; y en **Bilbao**: Ercilla 20, 48009 Bilbao; ✆ (901) 33 31 11/32 22.
Aviaco, Maudes 51, Madrid; ✆ 915 34 42 00
Principales oficinas de Iberia en América:
Bogotá: Edificio Iberia, Calle 85 nº 20-10, ✆ 610 50 66.
Buenos Aires: Carlos Pellegrini 1165, ✆ 326 50 73.
Lima: Torre Central del Centro Camino, Real Piso 9, Of. 902, San Isidro, ✆ 421 46 33.
México D.F.: Paseo de la Reforma 24, ✆ 703 07 09.
Santiago de Chile: Bandera 206, Piso 8º, ✆ (56-2) 671 45 10.

- En tren:
El **AVE**, tren de alta velocidad, llega dieciséis veces al día a la estación de Santa Justa (de **Sevilla**) proveniente de Madrid. Realiza el trayecto en poco más de dos horas de recorrido directo, o con paradas intermedias; p. ej. en **Córdoba**, a donde llega en una hora y cuarenta minutos.
Información y reservas:
Estación de Santa Justa, Av. de Kansas City, Sevilla, ✆ 954 54 02 02.

RENFE en Sevilla, C/ Zaragoza 29, ✆ 954 22 26 93.

- Por carretera:
Madrid es paso obligado para todo el Noroeste de la península. Desde Zaragoza se llega por la N-II, desde Bilbao y Burgos por la N-I. Desde Madrid debe tomar la N-IV en dirección a Andalucía; al pasar por el Puerto de Despeñaperros, la autovía se bifurca rumbo a Córdoba y Sevilla o a Granada por la N23.

Los que vengan de la costa mediterránea, desde Barcelona o Valencia, recorrerán la autopista A7 hasta Murcia, y después seguirán por la N340. La entrada en Andalucía se realiza por Puerto Lumbreras, al Norte de Almería.

Si prefiere gastar su dinero no tanto en el viaje como en disfrutar de su estancia, le interesará saber que existe un servicio regular de autocar (climatizado); recuerde —no obstante— que el trayecto es un poco largo. Este servicio tiene como destinos Almería, Cádiz, Córdoba, Granada, Málaga-Costa del Sol y Sevilla, y sale desde las estaciones de autobuses de las principales ciudades españolas. Información y reservas en la estación de autobuses de su ciudad.

A a la Z

Aeropuertos

Hay dos aeropuertos
internacionales en Andalucía:
– **Sevilla San Pablo**, ✆ 934 44 90
00; servicio de taxi y autobús al
centro de la ciudad.
– **Málaga**, ✆ 952 04 84 84
Además, tres aeropuertos de vuelos
nacionales (y charters):
– **Jerez**, ✆ 956 15 00 00
– **Almería**, ✆ 950 21 37 15
– **Granada**, ✆ 958 21 37 01

Albergues de Juventud

Andalucía posee una red de 18
albergues de juventud, y
encontrará uno en todas las
grandes ciudades (así como en las
localidades de la costa).

Para disfrutar de sus servicios
deberá ser titular de la tarjeta de
alberguista (individual o de grupo);
puede adquirirla en los mismos
albergues o en la Central de
Reservas **Interjoven**, organismo que
depende de la Junta de Andalucía:
C/ Miño 24, 41011 Sevilla,
✆ 954 55 82 93, fax 954 55 82 92.

Alojamiento

Si su presupuesto es limitado, le
recomendamos las pensiones o los
pequeños hoteles donde cuelga el
cartel de «camas»; podrá alojarse
por un módico precio y las
encontrará en el centro de Sevilla
(en la Calle de los Arqueros, sobre
todo), Córdoba y Granada. El
confort es «espartano» y no dan
desayuno, pero las habitaciones a
veces dan a hermosos patios.

La Asociación de Hoteles
Rurales de Andalucía (AHRA) está
formada por más de treinta
establecimientos. Puede pedir la
lista en la AHRA, C/ Obispo
Cobos 2, Centro Cultural Hospital
de Santiago, 23400 Ubeda, Jaén,
✆ 953 75 58 67, fax 953 75 60 99.
Podrá disfrutar de descuentos de
hasta el 50% (el pago total se
efectúa en el hotel) si utiliza un
talonario de «bono-hotel rural»,
que se puede adquirir en la
AHRA; recuerde que las reservas
se efectúan directamente con los
hoteles.

Para el resto de hoteles,
consulte la *Guía Roja Michelin
España & Portugal*: podrá elegir
con total conocimiento de causa.

Direcciones útiles:
– En Granada: En la Alhambra, el pequeño hotel América
(✆ 958 22 74 71) ofrece un marco maravilloso para una estancia de ensueño. Pero el más sublime sigue siendo el *Alhambra Palace*, un curioso edificio neo-árabe construido en 1911
(✆ 958 22 14 68). En el centro encontrará algunos hoteles confortables y bien situados, como el *Triunfo Granada* (✆ 958 20 74 44), *Dauro II* (✆ 958 22 15 81), y *Navas* (✆ 958 22 59 59).
– En Sevilla: Se emocionará con *Las Casas de la Judería* (✆ 954 41 51 50), a un paso del Barrio de Santa Cruz: patios, laberinto de pasillos y cruces (solicite ayuda para meter el coche por la callejuela). Puede que sea reacio al lujo desmesurado del hotel *Alfonso XIII* (✆ 954 22 28 50). El *Gran Hotel Lar*, moderno y confortable, está bien situado (✆ 954 41 03 61). Puede alojarse fuera de la ciudad en el maravilloso *Hotel Casa de Carmona*, en Carmona, ¡claro está! El comedor ocupa las antiguas cuadras y está decorado con gusto y originalidad (✆ 954 14 43 00).
– En Córdoba: Frente a la mezquita, *El Conquistador* (✆ 957 48 11 02). En las calles del casco antiguo, el hotel *Albucasis* (✆ 957 47 86 25) no está falto de encanto. El hotel *Alfaros* (✆ 957 49 19 20) y —más modesto— el *Hotel Maestre* (✆ 957 47 24 10)

están cerca de la Plazuela del Potro. Llegar en coche puede resultar algo complicado. Si prefiere alojarse fuera de la ciudad, existen varios hoteles que le ofrecen grandes jardines con piscina y canchas de tenis. En el pueblo de Zuheros, 60 km al Sur de la ciudad, se encuentra el hotel rural *Zuhayra*; es el lugar ideal para una estancia en el parque natural de montaña (✆ 957 69 46 93).
– En Ronda: el hotel *Reina Victoria* posee un maravilloso jardín con vistas al Tajo (✆ 953 287 12 40).
Ver también: Albergues de Juventud/Campings/Paradores.

Alquiler de coches

Las principales agencias (Hertz, Avis, Europcar...) tienen oficinas en las capitales de provincia. Puede reservar este servicio en una agencia de viajes antes de iniciar el viaje. En algunas compañías, la

¡¡La tranquilidad de Torremolinos...!!

edad mínima requerida es de 21 ó 23 años y la máxima 60 ó 65 años.

Aparcar

Las grandes ciudades poseen prácticos parkings de pago, con vigilancia, pues no existe otra forma de aparcar el coche en Sevilla, Granada o Córdoba. En Sevilla se encontrará con personas que —a cambio de propina— le proponen un aparcamiento para el coche y su vigilancia; sepa que carecen de permiso oficial. Por otro lado, en los pueblos encontrará a menudo un policía municipal que le indicará el lugar donde aparcar (muy barato) y le entregará un recibo.

América

Los viajeros provenientes de países de América Latina se sentirán en Andalucía como en su casa. Andalucía es la tierra de origen del descubrimiento y conquista de América, y a menudo les emocionará descubrir en sus ciudades —labradas en parte por la colonización— las raíces de su propia historia.

– **El descubrimiento:** Encontrará las huellas de Cristóbal Colón en

*Las bellas playas de arena
de la Costa de la Luz.*

Occidentales. Mencionemos los Reales Alcázares; el Cuarto del Almirante, dónde se estableció en 1503 la Casa de Contratación —se contrató como piloto mayor a Americo Vespucio, a quien se debe el nombre del continente; el Archivo de Indias, donde podrá ver planos de las ciudades nuevas que se fundaron en América; el Convento de Terceros, con su curiosa fachada de estilo colonial y el Museo Marítimo de la Torre del Oro.

– **Los libertadores** tienen en Cádiz la Iglesia de San Felipe Neri, donde en 1811 y 1812 se reunieron las Cortes —de las que formaban parte numerosos americanos— para proclamar la constitución liberal. Entre otros, participaron los libertadores San Martín, Miranda, Bolívar y Sucre.

– **La independencia** puede ser recordada en los vestigios de la Exposición Iberoamericana de 1929, en el Parque de María Luisa de Sevilla.

los alrededores de Huelva, en el Monasterio de la Rábida y el Puerto de Palos, desde donde partió con los hermanos Pinzones en su primer viaje; en Granada, donde los Reyes Católicos aceptaron costear su proyecto; en Sevilla, con la supuesta tumba de Colón alojada en la catedral y en los puertos de Sanlúcar y Cádiz, desde donde partieron sucesivos viajes.

– **La época colonial** está representada en Sevilla en el esplendor de sus palacios —construidos gracias a las riquezas venidas de las Indias

Animales de compañía

No es muy recomendable llevar a Andalucía a nuestros inseparables compañeros. En la mayoría de los hoteles y restaurantes no los

aceptan... y pueden pasar mucho calor. Consulte la *Guía Roja Michelin España & Portugal.*

Bancos

Abren por las mañanas (de lunes a sábado) hasta las 14 h. En verano cierran incluso los sábados, ¡téngalo en cuenta! *ver* Dinero y formas de pago

Bodegas

En las bodegas (en Jerez, Sanlúcar...) —ya lo sabemos— se elabora el vino... pero la bodega andaluza es también el lugar donde se consume; innumerables, son el mejor sitio para tomar unas tapas regadas de fino. Si no sabe cuál elegir, siga a la gente. Las más tradicionales merecen una visita por sus azulejos, sus barriles de madera, los jamones colgados del techo...

En Sevilla: En el Barrio de El Arenal, alrededor de la plaza de toros; en la Plaza del Salvador – bajo los pórticos, el bar *Los soportales*; enfrente de la catedral, en la Calle Rodrigo Caro (*Las Columnas*); cerca de la Calle Sierpes, p. ej. en la Calle Góngora; en el Barrio de Santa Cruz... y, fuera del centro, el pintoresco *Rinconcillo* -en el nº 20 de la Calle

Jaén... un mar de olivos.

Gerona –, invariable desde 1670. Un cliente asiduo fue inmortalizado en los azulejos, en conmemoración de sus cincuenta años de fidelidad a la casa.

En Granada: En el Campo del Príncipe, en la Calle Navas, alrededor de la plaza Nueva —con la magnífica *Bodega Castañeda*. En Córdoba: Alrededor de la Plaza de la Corredera y en la Judería.

Camping - Caravanas

Encontrará campings perfectamente equipados a lo largo de la costa y en determinados parques naturales de montaña. Podrá obtener la lista de establecimientos en la Oficina Nacional de Turismo o en las oficinas provinciales de turismo de cada localidad. Puede dirigirse además a la Federación Española de Empresarios de Camping: General Oraa, 52-2ºD, 28006 Madrid, © 915 62 99 94.

Conducir en Andalucía

Andalucía dispone en la actualidad de una moderna red de carreteras, que comprende numerosas autovías y autopistas, por lo general de pago.

La velocidad está limitada:
– a 90 ó 100 km/h en carretera nacional
– a 120 km/h en autovía o autopista
– a 60 km/h en población
Atención: El control de la

Vista parcial de la iglesia de Estepona.

policía o guardia civil es muy estricto, especialmente los fines de semana. Las multas son elevadas y se puede exigir el pago inmediato.

En la *Guía Roja Michelin España & Portugal* encontrará información útil acerca de cada localidad, por ejemplo la distancia entre las principales ciudades o pueblos de los alrededores, los hoteles que disponen de aparcamiento o garaje etc. En la última página aparece un cuadro con las distancias entre las principales ciudades españolas y los datos de los concesionarios de las principales marcas de automóvil.

Consulados (en Sevilla)

Chile: C/ La Rábida 3, © 954 23 12 93
México: C/ Martín Villa 5, © 954 22 25 52
EE UU: (para visitantes portorriqueños) Paseo de las Delicias, © 954 23 18 85

Correos

La Oficina Central de Correos de las ciudades abre por lo general de 8 h a 19 h 30. Puede recibir su correspondencia en la lista de correos y retirarla previa presentación de un documento de

identidad. No hace falta ir a Correos para comprar sellos, los puede adquirir en cualquier estanco.

Corriente eléctrica

La corriente eléctrica es de 220/225V. Si sus aparatos son de 110V necesitará un transformador y un adaptador para los enchufes.

Desayuno

Los hoteles generalmente ofrecen un desayuno en plan bufé. La fruta y la bollería son características del desayuno andaluz.

En cualquier cafetería puede pedir el típico **chocolate con churros**. Los españoles inventamos el chocolate líquido, que elaboramos con el cacao traído de América: fuerte, caliente y espeso —resulta delicioso.

Días festivos

1 y 6 de enero; Viernes Santo; 1 de mayo; 15 de agosto; 12 de octubre; 1 de noviembre; 7, 8 y 25 de diciembre.

Direcciones útiles

Sevilla:

Iberia: C/ Almirante Lobo 2, ✆ 954 22 89 01
Oficina Central de Correos: Avda. de la Constitución 32, ✆ 954 21 95 85
Policía: Avda. de las Delicias, ✆ 954 61 54 50
Hospital Virgen del Rocío, Avda. Manuel Siurot, ✆ 954 24 81 81
Objetos perdidos: C/ Diego de Riano 2, ✆ 954 42 04 03

Córdoba:

Iberia: Ronda de los Tejares 3
Oficina Central de Correos: C/ Cruz Conde 15

Granada:

Iberia: Plaza de Isabel la Católica 2, ✆ 958 22 75 92
Oficina Central Correos: Puerta Real
Objetos perdidos: ✆ 958 24 81 03
Ver Números de emergencia.

Discapacitados

En la *Guía Roja Michelin España &Portugal* encontrará la relación de hoteles y restaurantes accesibles para discapacitados.

Equitación

Dónde montar... Dónde equiparse... Dónde practicar la caza a caballo... Dónde recibir clases... Cómo practicar el turismo ecuestre... La respuesta a todas estas preguntas las encontrará en el folleto «El Caballo», que edita la Junta de Andalucía, República Argentina 31-2, 41011 Sevilla. Lo puede conseguir de forma gratuita y está disponible además en las oficinas de turismo.

Farmacias

Abren por lo general de 9 h 30 a 13 h 30 y de 17 h a 20 h 30; cierran los sábados por la tarde. En cada capital existe una farmacia de guardia; puede consultar la lista en la prensa local.

Festivales

La mejor ocasión para escuchar flamenco de calidad. El Festival de Jerez, creado en 1997, tiene lugar durante la segunda quincena de abril. El Festival de Música y Danza de Granada (*del 20 de junio a mediados de agosto*) es el de mayor reputación de España, y se celebra en los Jardines del Generalife y en el Patio de Carlos V de la Alhambra. La programación incluye música clásica y flamenco. El Festival de Flamenco de Córdoba se celebra cada tres años (*el próximo en 1998*); el lugar está aún por determinar. Es el de mayor prestigio y otorga premios al mejor guitarrista, al *cantaor* más inspirado... con el fin de descubrir nuevos talentos. En verano se celebran espectáculos en el zoco y en los jardines del Alcázar. Sevilla organiza a su vez un festival de flamenco los años pares.

Golf

La Consejería de Turismo de la Junta de Andalucía edita un folleto en el que se informa de la situación y las características de los principales campos de golf de la región.

Turismo de Andalucía, Autovía Sevilla-Coria del Río km 3,5, 41920 San Juan de Aznalfarache, ⓒ 954 17 11 60, fax 954 17 12 78. Disponible además en las oficinas de turismo de las capitales de provincia. Consulte además la *Guía Roja Michelin de España & Portugal*.

Horarios de atención al público

Los andaluces comen muy tarde. Puede entrar en un restaurante para comer pasadas las 14 h 30. La cena se toma a partir de las 21 h o las 22 h.

Los bancos abren de lunes a sábado sólo por las mañanas; en verano, cierran los sábados. Recuerde que entre las 15 h y las 19 h toda actividad queda interrumpida: Es la hora de la siesta, y no podrá ir de compras durante ese periodo.

Para conocer los días y horas de visita de los principales monumentos y puntos de interés, consulte la *Guía Verde Michelin de España*. La prensa local le puede proporcionar también detallada información al respecto, descuentos incluidos.

Impuestos

Los precios llevan el 7% de IVA. Este impuesto aparece en todas las facturas, aunque sólo se haya tomado un café. En los hoteles y

Acantilados y calas se dan la mano de Motril a Nerja.

Arquitectura religiosa de gala: Úbeda.

restaurantes, el precio anunciado a menudo no lleva IVA. Si quiere saber exactamente lo que le va a costar, deberá hacer el cálculo. Para determinadas compras (a partir de 15.000 pts.), los no residentes en la Unión Europea pueden solicitar el reembolso del IVA; pida el formulario necesario.

Libros

Qué mejor instrumento que una buena novela para entrar en ambiente, en el ambiente de esta región que nos disponemos a descubrir.. o bien para avivar su recuerdo, terminada ya nuestra estancia. Andalucía ha sido cuna de grandes escritores, ya desde la Antigüedad clásica, y éstos han gustado de escribir sobre la belleza de su tierra, lo que permite a los lectores del presente respirar la Andalucía de todos los tiempos. Trasládese a la Andalucía árabe leyendo *El collar y la paloma*, obra exquisita de Ben Hazm. Dé un salto al presente con los grandes autores andaluces del último siglo: Antonio Machado Juan Ramón Jiménez, Rafael Alberti, Federico García Lorca... sin olvidar etapas intermedias, como la novela picaresca, cuyos personajes suelen preferir Andalucía como escenario, un escenario que usted pronto hará suyo.

Mapas y guías

Michelin edita una amplia gama de mapas. El **990** (escala 1:1.000.000) cubre la totalidad de España y existen otros muchos regionales (escala 1:400.000), con índice toponímico y su localización. El mapa **446** ocupa la región de Andalucía e incluye un plano de Sevilla.

Para una visita más profunda de la región, Michelin edita una *Guía Verde de España*, en la que encontrará una descripción detallada de los principales puntos de interés, monumentos y localidades, y la *Guía Roja de Hoteles y Restaurantes España & Portugal*, donde encontrará una amplia selección de los establecimientos hoteleros y restaurantes, clasificados según su confort o la calidad de su cocina.

Moneda y formas de pago

La moneda española es la **peseta**. Existen billetes de 1.000, 2.000, 5.000 y 10.000 pesetas, y monedas de 1, 5, 10, 25, 100, 200 y 500 pesetas.

El término «duro» sirve para denominar las cinco pesetas. Puede que en una tienda le pidan *cinco duros*, es decir, veinticinco pesetas.

La mayoría de los bancos cambian divisas de acuerdo con los tipos oficiales de cambio, pero las oficinas bancarias cierran por la tarde y los fines de semana. En caso de urgencia total, puede dirigirse a las oficinas de cambio privadas que encontrará en las grandes ciudades y en zonas turísticas; el tipo de cambio es menos ventajoso. Los *cajeros automáticos* se encuentran en todas partes. Los de las grandes ciudades aceptan la mayoría de las tarjetas de crédito. La tarjeta de crédito se acepta como medio de pago en hoteles y restaurantes (consulte la *Guía Roja Michelin España & Portugal*).

Naturismo

Poco extendido en Andalucía, salvo en algunas zonas de la Costa del Sol (cerca de Almuñécar) y en las playas de Mojácar. Diríjase a la ANA, Apartado 31, Almería.

Oficinas de Información Turística

Antes de viajar a Andalucía:
Para cualquier información, póngase en contacto con la Secretaría General de Turismo, en

Madrid: C/ Castelló 115-117-3º, 28006 Madrid, ℂ 915 64 65 75.

En las capitales latinoamericanas puede dirigirse a la embajada española o a la **Oficina Española de Turismo:**

– **En Buenos Aires:** Florida 744-1º, 1005 Buenos Aires, ℂ (541) 322 72 64.

– **En México DF:** Alejandro Dumas 211, Colonia Polanco, 11560 México DF, ℂ (525) 531 17 75 y 545 73 22.

– *In situ:* Centro Internacional de Turismo de Andalucía, RN Cádiz-Málaga, Km 189,6, 29600 Marbella, ℂ 952 83 87 85, fax 952 83 63 68.

– **Almería:** C/ Hermanos Machado.

– **Cádiz:** C/ Calderón de la Barca 1.

– **Córdoba:** C/ Torrijos 10 y Plaza de Juda Leví (en plena judería).

– **Granada:** C/ Libreros 2 y Plaza Mariana Pineda (más la oficina del Corral del Carbón).

– **Huelva:** C/ Avda. Alemania 12.

– **Jaén:** C/ Arquitecto Bergés 1.

– **Málaga:** *Pasaje de Chinitas 4, C/ Cister 5 y en el aeropuerto.*

– *Sevilla:* En el aeropuerto, Avda. de la Constitución 21 (a un paso de la Giralda) y Paseo de las Delicias 9 (en la ribera del Guadalquivir).

El recibimiento es —por lo general— agradable y en las oficinas disponen de numerosos folletos; algunos de pago, por un módico precio.

Paradores

Gestionados por el Estado, los paradores a veces ocupan edificios históricos o edificios modernos en magníficos parajes.

En Andalucía hay alrededor de quince. El de Granada se encuentra en un antiguo convento, dentro del recinto de la Alhambra, y el más famoso es el de Arcos de la Frontera. Los de Úbeda y Carmona (cerrado en este momento por obras) son a su vez excepcionales. El de Cádiz se abre directamente sobre el mar y el de Málaga (desde la Colina de Gibralfaro) ofrece una bella vista sobre la bahía, mientras que el de Ronda dispone de una terraza y jardines que dan sobre el Tajo, frente al Puente Nuevo. Si el precio le resulta elevado, infórmese de las ofertas promocionales. La central de reservas se encuentra en Requena 3, 28013 Madrid, ℂ 915 16 66 66, fax 915 16 66 57.

Paradores andaluces:

Antequera: ℂ 952 84 09 21
Arcos: ℂ 956 70 05 00
Ayamonte: ℂ 959 32 07 00
Cádiz: ℂ 956 22 69 05
Carmona: ℂ 954 414 10 10
Cazorla: ℂ 953 72 70 05
Córdoba: ℂ 956 27 59 00
Granada: ℂ 958 22 14 40

Fruta para todos los gustos.

Jaén: ✆ 953 23 00 00
Málaga: ✆ 952 22 19 02
Málaga Golf: ✆ 952 38 12 55
Mazagón: ✆ 959 53 63 00
Mojácar: ✆ 950 47 82 50
Nerja: ✆ 952 52 00 50
Ronda: ✆ 952 87 75 00
Ubeda: ✆ 953 75 03 45

En el Mapa Michelin 446, los paradores están indicados mediante una P con fondo amarillo en forma de casa.

Ver *Restaurantes.*

Parques naturales

En Andalucía hay un parque nacional (Doñana) y varios parques naturales.

Doñana: Al Sur de El Rocío. Centro de Información y Reservas El Acebuche, ✆ 959 43 04 32 y 959 43 04 51.

Video, exposición y visitas programadas (reserva anticipada obligatoria para la visita en «todo terreno»).

Parques acuáticos:
– **Cabo de Gata/Níjar:** Observatorio ornitológico, Centro Naturalista El Bujo, miradores.
– **Marismas de Barbate.**
– **Bahía de Cádiz.**
Parques de montaña:
Muy frecuentados por los españoles que huyen del calor.
– **Sierra de Aracena**, al Norte de Huelva. El paraíso del cerdo ibérico y las castañas.
– **Sierra Norte (Sevilla)**, El Robledo

*La industria del souvenir,
¡un negocio redondo!*

(Constantina): turismo ecológico, senderismo, flora y fauna de montaña.

– **Sierra de Hornachuelos**, al Noroeste de Córdoba. Acampada libre (con autorización), numerosas rapaces.

– **Sierra de Cardeña Montoro**, al Noroeste de Córdoba: campings y refugios entre fincas de cría de toros.

– **Sierra de Andújar**, el paraíso de los cérvidos.

– **Despeñaperros**, Centro de Visitas en construcción, en la autovía de Andalucía (N-IV).

– **Sierra de Cazorla**, el más grande de España (214.000 has). El nacimiento del Guadalquivir, campings, refugios...

– **Sierra de Castril**, entre Granada y Jaén: refugios e itinerarios de senderismo.

– **Sierra de María los Vélez**, al Norte de la provincia de

Almería: pinturas rupestres y rapaces.

– **Sierra de Baza:** el refugio del pino silvestre en una montaña horadada como un queso de Gruyère.

– **Sierra Nevada**; refugios y campings en un parque de alta montaña.

– **Sierra de Mágina**, al Sur de la provincia de Jaén. Relieve escarpado y cabras monteses entre los olivos.

– **Sierra de Huétor**, al Noreste de Granada: centro educativo sobre la naturaleza.

– **Montes de Málaga**, 15 km al Norte de Málaga: parque creado para reforestar el bosque malagueño y proteger a la ciudad de las inundaciones, jabalíes y camaleones.

– **Sierra de las Nieves (Málaga)**, al Este de Ronda: el santuario del pinsapo.

– **Sierra subbética**, Zuheros: campings, escalada y senderismo.

– **Los Alcornocales**, al Sur de Ronda: El paraíso de los alcornoques, uno de los escasos ejemplos de bosque europeo primitivo.

Prensa

Los diarios nacionales *ABC, El Mundo* y *EL PAIS* editan una sección de Andalucía y cada capital de provincia tiene por lo menos un periódico local. En la prensa encontrará los números de urgencias (sección *Agenda* o *Servicios*), así como las fiestas más importantes y los horarios de visita de museos y monumentos (sección *Cartelera*).

Restaurantes

En la *Guía Roja Michelin España & Portugal* encontrará una amplia gama de hoteles y restaurantes.

Los grandes restaurantes situados en los alrededores de los lugares turísticos brindan la oportunidad de tomar platos combinados (de calidad aceptable) por un precio razonable. Los amantes del pescado —*pescaíto frito* en particular, que por lo general es excelente— pueden ir a los chiringuitos, a veces algo precarios, que hay en las playas.

Algunos restaurantes con encanto o pintorescos:

– **Córdoba**
El Churrasco (Romero, 16), a un paso de la mezquita. Bodega y restaurante en un patio cubierto. Especialidades de carne de cerdo (churrasco) y cocina cordobesa: salmorejo, gazpacho blanco, rabo de toro... Cerca de éste, *El Caballo Rojo* (Cardenal Herreros, 28) también tiene fama y, cerca del alcázar, *Almudaina* (Jardines de los Santos Mártires 1) en un marco muy agradable.

– **Granada**
Chikito (Puerta Real) en recuerdo de Lorca.

Pilar del Toro (Santa Ana, 12): Un inmenso patio lleno de mesas enormes y un laberinto de salas en el primer piso. Difícil de encontrar.

En el Albaicín, un restaurante sencillo y simpático, la *Casa Torcuato* (Plaza de Carniceros); lo lleva un aficionado al flamenco: especialidades granadinas...

En la parte baja de la ciudad: *Mariquilla* (Lope de Vega, 2) y *La Curva* (Párraga, 9) ofrecen una buena relación calidad/precio.

– Sevilla

La Taberna del Alabardero (Zaragoza, 20): Comedores en los salones del primer piso, ante el patio de un antiguo palacete señorial donde se ofrece una cocina refinada. En un flanco de los jardines del alcázar, frente a la universidad, *Egaña Oriza* (San Fernando, 41) ofrece cocina de calidad en un invernadero.

El Burladero, en los bajos del hotel Colón, es el centro de reunión del mundillo taurino en tiempos de feria. En el barrio de Santa Cruz, el encanto de una cena a la luz de las velas en un patio arbolado en *El Corral del Agua* (C/ Agua, 6), y en la plaza Santa Cruz, *La Albahaca*, instalado en un palacete.

La mayoría de los paradores ofrecen especialidades regionales y el precio no es más caro que en cualquier otro sitio, además es

Una refrescante pausa en la terraza, cualquier día del año.

una buena oportunidad para visitarlos.

Rutas turísticas

Sólo la **Ruta de los pueblos blancos** está señalizada en carretera.

Las oficinas de turismo disponen de mapas temáticos: gastronomía andaluza, vinos y licores, Andalucía barroca, Andalucía renacentista, castillos y monasterios, etc.

En Granada, el **Legado andalusí** ha editado una obra magnífica sobre las rutas de Al-Andalus (la ruta de los almohades, de los almorávides, etc.) y tiene previsto colocar carteles indicadores en carretera.

Robos

En Andalucía no ocurren ni más ni menos robos que en cualquier otro lugar turístico. Cuando se está de viaje, el trastorno que produce un robo es tan grande que merece la pena tomar ciertas precauciones: haga fotocopias de sus documentos; no haga ninguna ostentación de riqueza; no deje objetos de valor en el coche y apárquelo en parkings vigilados; lleve cheques de viaje en lugar de grandes cantidades en efectivo y no ponga en el mismo sitio el

dinero y los documentos. Si fuese víctima de un robo, acuda a la policía municipal o nacional (si se encuentra en una ciudad), o a la guardia civil si está en el campo.

Andalucía sefardita

Asociar Al-Andalus con la cultura árabe es inevitable, pero Andalucía, como el resto de España, también cuenta con la presencia judía como un elemento esencial de su historia. La huella sefardita (el adjetivo proviene de *Sefarad*, palabra hebrea que designa a España) ha llegado hasta nuestros días en las juderías y en las sinagogas de muchas ciudades españolas; entre las andaluzas destacaremos Córdoba y Sevilla.

El cortijo andaluz, una vivienda con solera.

Los judíos llegaron a la península Ibérica en la Antigüedad, a la vez que los fenicios y los griegos. La llegada de los árabes fue bien acogida por la comunidad judía, pues se le asignó el la tarea de mediar ante los cristianos. Comerciantes, banqueros, artesanos, médicos, eruditos... la aportación intelectual de la comunidad sefardita se ha hecho sentir en el mundo entero (de hecho, de las dos comunidades en que se divide a los judíos por su descendencia, sefarditas y askenazíes, los primeros adquirieron especial fama en el terreno cultural). Algunos de ellos se convertirían en personajes célebres, como Maimónides, natural de Córdoba (s. X-XI). No obstante, su presencia en Andalucía tuvo una vida aún más breve que en el resto de la península, obligados a emigrar ante la intolerancia de los almohades. Más adelante serían definitivamente expulsados por los Reyes Católicos, en 1492. Algunos optaron por convertirse al catolicismo, mientras que otros —la mayoría— emigraron a países del entorno mediterráneo, a Holanda y a Inglaterra, fundamentalmente.

Los sefarditas representan hoy en día el 60% de la comunidad judía mundial. Algunos han conservado su lengua, el ladino, un castellano arcaico, como el que hablaban en el siglo XV, cuando se vieron forzados a abandonar la península Ibérica.

El arte sefardita funde elementos propios con otros característicos del arte musulmán. El edificio sefardita por antonomasia es la sinagoga, una fusión (también) del templo cristiano y de la mezquita musulmana. De planta rectangular, dividida en tres o más naves por series de pilares, generalmente está precedida por un patio y un atrio; hombres y mujeres tienen asignados espacios diferentes. En su interior distinguimos el Aaron (lugar que alberga los libros sagrados) y una tribuna, desde donde el predicador lee los textos a la comunidad de fieles.

Teléfono

La compañía telefónica española es independiente de Correos. En las ciudades y zonas turísticas, puede llamar desde los locutorios telefónicos. En los estancos podrá comprar tarjetas telefónicas para llamar desde las cabinas.

Para llamar desde **América Latina a España**, marque el número de acceso a la línea internacional, el 34, y, por último, el número deseado.

Para llamar a **América Latina desde España**, marque el 07, espere tono, y marque el prefijo correspondiente al país: Argentina 54, Bolivia 591, Chile 56, Colombia 57, Costa Rica 506, Cuba 53, Santo Domingo 1809, El Salvador 503, Ecuador 593, Guatemala 502, Honduras 504, México 52, Nicaragua 505, Panamá 507, Paraguay 595, Perú 51, Puerto Rico 1809, 1797, Uruguay 598, Venezuela 58).

Desde el día 4 de abril de 1998 se han incorporado los prefijos provinciales al número de abonado:
Sevilla: 95
Huelva: 959
Cádiz: 956
Málaga: 95
Granada: 958
Córdoba: 957
Almería: 950
Jaén: 953

Urgencias

Si tiene algún problema (accidente, robo...) llame a los números siguientes:
Policía nacional: ☎ 091
Policía municipal: ☎ 092
Guardia civil: ☎ 062
Bomberos: ☎ 080 (excepto Cádiz, ☎ 085)
Urgencias médicas (SAMU): ☎ 061